Spiel dich schlau mit kahoot!

Lust auf eine Quiz-Runde? Hinten im Buch findest du drei QR-Codes, die dich direkt zu drei verschiedenen Quizzen führen. Du kannst sie allein oder als Challenge mit deinen Freunden spielen.
Mit dem Handy oder Tablet Code scannen, Nickname eingeben und losspielen.

- **Im Training** Wenn du das Buch gelesen hast, sollte dir das erste Quiz nicht schwer fallen.
- **Profi-Runde** Du meinst, du kennst dich schon richtig gut aus im Thema? Dann probier doch das zweite Quiz!
- **Pics Challenge** Du willst dein Wissen in Bildern testen? Dann ist das dritte Quiz das richtige für dich.

Dabei gibt es verschiedene Fragetypen: Von Wahr-Falsch-, Schätz-, Eingabe- und Multiple-Choice-Fragen ist alles dabei.

Wie wurde der Sonnengott im alten Ägypten genannt?

**Für jede richtige Antwort gibt es Punkte.
Wer am Ende die meisten gesammelt hat, gewinnt.**

MEMO WISSEN

ALTES ÄGYPTEN

Goldringe mit Speckstein

Goldtäfelchen mit
Gott Atum und dem Pharao

Katzen-
mumie

Kriegsgefangener aus
Libyen (Tonkachel)

Fischamulette
als Haarschmuck

Angel-
haken

Thot, der Gott
der Weisheit mit
dem Ibiskopf

Gefäß für
den König

MEMO WISSEN

ALTES ÄGYPTEN

von George Hart

Glasierte Tonkacheln aus einem königlichen Palast

Armband mit einem Skarabäus aus Lapislazuli

DK

Schminklöffel
aus Holz

Glasröhrchen für
Augenschminke
mit Schminkstift

DK | Penguin Random House

Lektorat Phil Wilkinson, Sophie Mitchell, Sue Unstead, Shatarupa Chaudhuri, Avanika, Shambhavi Thatte, Kingshuk Ghoshal, Carron Brown, Francesca Baines, Andrew Macintyre, Liz Wheeler, Jonathan Metcalf
Gestaltung und Bildredaktion Thomas Keenes, Julia Harris, Anne-Marie Bulat, Vikas Chauhan, Noopur Dalal, Tanisha Mandal,Govind Mittal, Lynne Moulding, Philip Letsu, Taiyaba Khatoon, Pawan Kumar, Mohammad Rizwan, Rakesh Kumar, Karen Self
Fotografie Peter Hayman (British Museum London)
Umschlaggestaltung Juhi Sheth, Surabhi Wadhwa-Gandhi, Sophia MTT
Herstellung Kavita Varma, Samantha Cross

Fachliche Beratung Joann Fletcher

Für die deutsche Ausgabe:
Redaktionsleitung Martina Glöde
Herstellungskoordination Bianca Isack
Herstellung Stefanie Staat

Titel der englischen Originalausgabe:
Eyewitness Ancient Egypt

Übersetzung Nele Mohn
Producing booklab GmbH, München

ISBN 978-3-8310-4905-9
5902-314470-23257-03

Druck und Bindung Golden Prosperity Printing & Packaging (Heyuan) Co., Ltd.

FSC www.fsc.org MIX Papier | Fördert gute Waldnutzung FSC® C018179

www.dk-verlag.de

www.kahoot.com

Ohr-
stecker

Ohrschmuck
aus Glas

Goldanhänger
mit Stierkopf
aus Lapislazuli

Vergoldete
kleine Statue
des Königs

Inhalt

Wandmalerei in einem Grab: Dem Pharao werden Opfergaben dargebracht.

Das frühe **Ägypten**

In der Jungsteinzeit lebten die Menschen in Ägypten auf dem Gebiet hoch über dem Nil. Um 5000 v. Chr. bauten sie in den Überschwemmungsgebieten und an den Rändern der Wüste Emmer-Weizen und Gerste an, züchteten Vieh und errichteten Dörfer aus Lehmziegeln. Die Machthaber in der Region trieben Handel mit den Nachbarländern und gründeten Königreiche. Bereits um 3500 v. Chr. lebten die Menschen in Städten und gebrauchten eine eigene Schrift. Forschungen beweisen, dass sie um 4300 v. Chr. begannen, ihre Toten zu mumifizieren. Sie bestatteten die Mumien mit ihren Habseligkeiten, die uns heute spannende Details über das Leben in der Zeit vor der Herrschaft der Pharaonen um 3100 v. Chr. enthüllen.

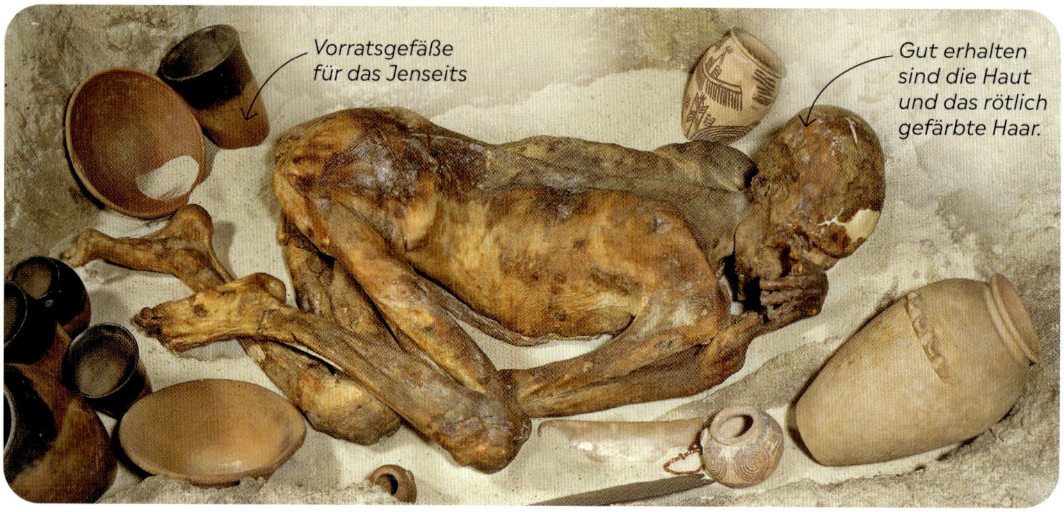

Mumifizierter Körper

Die frühesten ägyptischen Mumien wurden in einer „schlafenden" Haltung in Sandgruben bestattet. Der Sand trocknete die Körper aus und machte sie haltbar. Manche Leichen wurden zusätzlich in mit Baumharz getränkte Leinentücher gewickelt. Vor rund 5000 Jahren starb dieser Mann an einer Stichwunde.

Keulenkopf

Die meisten Keulenköpfe, die man in Gräbern fand, benutzte man als Waffe. Für zeremonielle Anlässe war vermutlich dieses sorgfältig bearbeitete Exemplar gedacht.

Kamm

Der Afrikanische Elefant und das Nilpferd lieferten reichlich Elfenbein für die frühen Kunsthandwerker. Viele Gegenstände wurden aus Elfenbein hergestellt, wie dieser Kamm mit einem Steinbock.

Die frühen Mumien haben oft gut erhaltenes Haar. Man fand Haarverlängerungen und Reste von Haarfarbe. Demnach färbte man Haare schon

um 3400 v. Chr.

RÜCKBLICK

Die ältesten erhaltenen Tattoos

Im Jahr 2018 untersuchte die Forscherin Renée Friedman die Mumie des Gebelein-Mannes aus dem British Museum in London (Abb. oben) mit einer Infrarotkamera. Dabei entdeckte sie auf dem rechten Oberarm der Mumie zwei Tätowierungen (rechts). Es handelt sich um Bilder von Tieren – vermutlich ein Schaf und ein Stier. Die Tattoos sind über 5000 Jahre alt und zählen zu den ältesten bekannten der Welt.

Gefäß aus Stein

Mit Werkzeugen aus Kupfer oder Feuerstein wurde dieses Gefäß aus einem Brekzienstein herausgemeißelt.

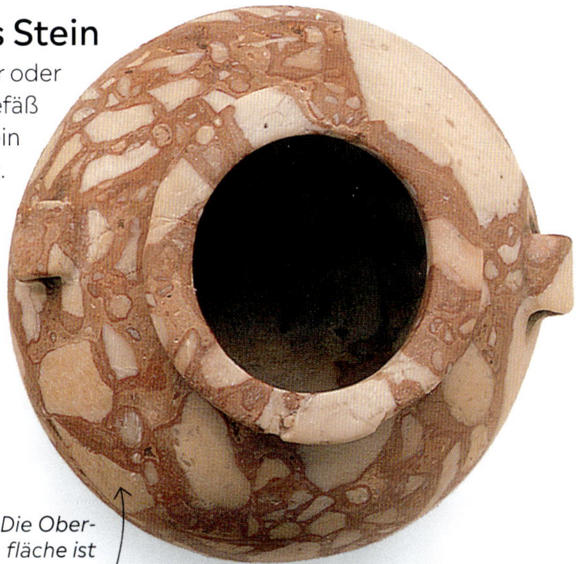

Die Oberfläche ist sorgfältig glatt poliert.

Feldspat

Karneol

Halsketten

Die frühen Hersteller von Schmuck verwendeten Halbedelsteine aus der Wüste, wie Feldspat (grün) und Karneol (orange). Sie waren angesehen in der Gesellschaft und verdienten recht gut.

Spiralmuster

Keramikvase

Die frühen Töpfer arbeiteten mit Ton und Schlick aus dem Überschwemmungsgebiet des Nils. Der spitz zulaufende Sockel dieses Gefäßes steckte in einem Ständer oder in einer Vertiefung in der Erde.

Eingelegtes Auge aus einer Muschelschale

Schminkpalette

Zu den ältesten ägyptischen Fundstücken zählen dünne Schieferplatten. Sie konnten rechteckig sein oder die Umrisse von Tieren haben – Nilpferd, Schildkröte, Falke oder wie hier die Form eines dicken Widders. Frauen und Männer besaßen solche Paletten. Man benutzte sie zum Zerreiben von Mineralien für Augenschminke (S. 58).

Das Leben **am Nil**

Volk am Fluss
Die Ägypter lebten in dem fruchtbaren Streifen Land auf beiden Ufern des Nils. In der Karte ist dieses Gebiet grün dargestellt.

Ägyptens Klima ist heiß und trocken, da über 90 % des Landes aus Wüste bestehen. Die Ägypter konnten nur dank des Nils überleben, der einmal im Jahr über seine Ufer trat und die Felder mit fruchtbarem, dunklem Schlamm bedeckte. Die meisten Ägypter lebten entlang der Nilufer in einem Gebiet, das nach der Farbe des Schlamms Kemet („Schwarzes Land") hieß. Die Wüstenregion jenseits dieses Ackerlands nannte man „Rotes Land". Für die Bauern am Nil begann die Arbeit mit der jährlichen Überschwemmung im Juli. Sobald sich das Wasser im Oktober zurückzog, begann man mit der Aussaat von Gerste, Flachs und Emmer-Weizen.

Hungersnot
Die Figur zeigt einen abgemagerten Mann, der um Nahrung bettelt. Wegen des extremen Klimas fiel manchmal die Ernte aus, und die Menschen mussten hungern.

Viehzählung
Im alten Ägypten hing Reichtum von der Anzahl der Rinder ab, die man besaß. Dieses Grabmodell aus der Zeit um 2000 v. Chr. zeigt Meketre, den Bürgermeister von Theben. Beamte zählen sein Vieh für die Steueraufzeichnung.

Die Sichelschneide besteht aus Feuerstein.

Sichel

Bauern schnitten das Getreide mit einfachen Werkzeugen wie dieser hölzernen Sichel. Aus den Getreidehalmen wurden Strohmatten und Körbe geflochten.

Worfelholz

Zwei dieser Hölzer verwendete man, um die Körner von der Spreu (Schale) zu trennen.

Die Spreu von den Körnern trennen

Beim Worfeln wirft man das gedroschene Getreide in die Luft, sodass die leichteren Spelzen weggeblasen werden und die Körner auf den Boden fallen.

Shaduf

Die Bauern gruben Kanäle, um Wasser zu den Feldern zu leiten. Das Wasser zum Füllen der Kanäle schöpften sie mit einem *Shaduf* aus dem Fluss, einem Holzgerüst, das eine Stange mit einem Gewicht trägt. Dabei wurde ein Eimer in den Fluss hinabgelassen, mit Wasser gefüllt und anschließend mithilfe des Gewichts hochgezogen.

Meketre, der Besitzer des Viehs

Meketres Sohn

Ein Hirte treibt das Vieh mit einem Stock an.

Ein Oval, das die Hieroglyphen eines Pharaos (hier Thutmosis III.) umschließt, nennt man Kartusche.

Große **Pharaonen**

In Ägypten regierten ab etwa 3100 v. Chr. mächtige Könige: die Pharaonen. Der Titel Pharao kommt von der Bezeichnung *per-aa* (Großes Haus), was sich auf den königlichen Palast bezieht. Der Pharao wurde wie ein Gott verehrt, seine Königin wie eine Göttin. Sie hieß meist „Große Königliche Gemahlin“, aber es gab mindestens 13 Königinnen, die den Titel Pharao trugen. Starb ein Pharao, folgte ihm in der Regel einer seiner Söhne nach. Diese waren in der Kriegsführung und im Kampf ausgebildet und auf ihre Rolle als Herrscher vorbereitet. Manchmal mussten sie lange warten, bis sie die Macht übernehmen konnten. Pepi II. bestieg bereits im Alter von sechs Jahren den Thron und war noch 94 Jahre später Pharao.

Blaue Helmkrone

Nofretete

Echnaton

Hatschepsut

Etwa 20 Jahre lang herrschte Hatschepsut als Pharaonin über Ägypten. Zunächst regierte sie im Namen ihres kleinen Stiefsohns und ab 1473 v. Chr. dann gemeinsam mit ihm.

Echnaton und Nofretete

Echnaton und seine Gemahlin Nofretete regierten Ägypten gemeinsam und bauten in Amarna eine neue Hauptstadt. Sie ersetzten die alten Gottheiten durch den Sonnengott Aton, entzogen den Priestern die Macht und schlossen die meisten Tempel. Diese Veränderungen führten zu Unruhen im Königreich. Nach dem Tod der beiden wurde Amarna zerstört und Echnatons Sohn Tutanchamun führte die alten Gottheiten wieder ein.

EINBLICK

Königlicher Empfang für Pharao Ramses II.
Damit seine Mumie 1976 für eine Instandhaltung nach Frankreich gebracht werden konnte, erhielt Ramses II. einen ägyptischen Pass, in dem sein Beruf als „König (verstorben)“ eingetragen war. Die Mumie wurde in einem Militärflugzeug nach Paris geflogen und dort Forschenden übergeben (unten).

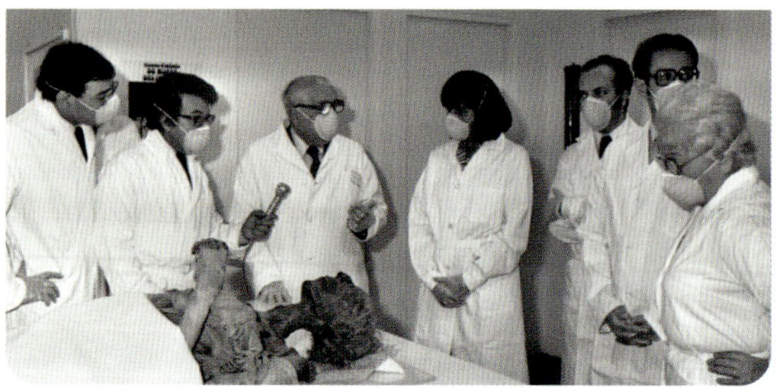

Ramses der Große

Im 13. Jahrhundert v. Chr. regierte Ramses II. 67 Jahre lang. Er errichtete zahlreiche Denkmäler und setzte seinen Namen auch auf Gebäude und Statuen, die von anderen Königen geschaffen worden waren. Diese Statue zeigt ihn mit dem gestreiften königlichen Kopftuch (Nemes) und der Schlangenkrone.

Tutanchamun

Im Alter von neun Jahren wurde Tutanchamun Pharao. In seinem Grab fand man die berühmte goldene Maske (S. 23). Unlängst hat man bei einer Untersuchung auf der Innenseite der Maske den Namen ihrer ursprünglichen Besitzerin entdeckt: Nofretete (Tutanchamuns Stiefmutter, die vor ihm regierte).

Thutmosis IV.

Dieser Pharao war berühmt dafür, dass er die Große Sphinx von Giseh (unten) aus dem Wüstensand grub. Die Figur zeigt Thutmosis, der in seinen Händen Gefäße mit heiliger Flüssigkeit hält. Er trägt ein Kopftuch mit der Kobragöttin Wadjet (Uräusschlange). Man glaubte, dass sie den Pharao beschützt, indem sie Feuer auf seine Feinde spuckt.

Sphinxen

Die Sphinx ist ein fantastisches Wesen mit dem Körper eines Löwen und dem Kopf eines Pharaos. Löwen wurden mit dem Sonnengott in Verbindung gebracht, und ihre Stärke war ein Zeichen für die Macht des Pharaos. Manchmal haben Sphinxen den Kopf und die Flügel eines Falken, der den Gott Horus darstellt. Große Sphinxen standen vor den Gräbern, um den Pharao im Jenseits zu bewachen.

Unter Kontrolle
Die Elfenbeinfigur zeigt eine Sphinx, die den Kopf eines Feindes festhält. Damit sollte die Macht des Pharaos gezeigt werden.

Die Große Sphinx von Giseh
Die größte der ägyptischen Sphinxen wurde vor etwa 4500 Jahren für Pharao Chephren errichtet.

Am **Königshof**

Königskopf

Dieses Bildnis aus Glas zierte wahrscheinlich ein Wandgemälde oder ein Möbelstück.

Bei Staatsanlässen, wie Jubiläumsfeiern oder der Überreichung von Geschenken an Höflinge, versammelten sich der König, die Königin und der Hofstaat. Anwesend waren auch hohe Beamte, Diplomaten und Hohepriester. Einige der Höflinge gehörten zur Verwandtschaft des Königs, andere dienten als hochrangige Offiziere in der Armee oder waren Schriftgelehrte. Die Pharaonen galten als allmächtig und genossen großen Respekt. Näherten sich Menschen dem König und der Königin, küssten sie den Boden zu deren Füßen.

Amulett-Etui

Amulette, die einen schützen sollten, steckte man oft in eine Hülse und trug sie an einer Halskette.

Goldanhänger

Schmuck wurde oft aus Muscheln angefertigt. Goldschmiede übertrugen die Form dieser Schmuckstücke später in kostbares Gold.

Drei Symbole für Papyrus

Löwentatzen

Thron

Königin Hetepheres war die Mutter von Cheops (S. 20). Ihr hölzerner Thron war mit Blattgold überzogen. Insekten hatten das Holz im Laufe der Zeit zersetzt, aber Archäologen konnten eine Nachbildung davon anfertigen.

Wurfstock

Die Höflinge jagten Vögel mit hölzernen Wurfstöcken. Dieser Wurfstock besteht jedoch aus ägytischer Fayence (S. 47) und war zerbrechlich. Er wurde nur für Zeremonien benutzt und trägt den Namen des Pharaos Echnaton.

Gefäße des Königs

Pharaonen benutzten zu ihren Lebzeiten kostbare Gegenstände, die man nach ihrem Tod für die Verwendung im Jenseits mit ihnen bestattete. Diese beiden Steinvasen haben goldene Deckel. Sie wurden für König Chasechemui angefertigt.

Der Name Echnaton

Um dem Wurfstock magische Kraft zu verleihen, bildete man auf ihm das Auge des Horus oder Udschat ab (S. 24).

Der Gott der „Millionen-Jahre“ hält Palmzweige in seinen Händen.

Zepter mit Schakalkopf

Symbol für die Wirbelsäule des Gottes Osiris

Anch

Das Symbol des Lebens, Anch, durften nur Götter, Könige und Königinnen tragen. Träger und Trägerinnen des Anch besaßen die Macht, Leben zu geben oder zu nehmen.

Strauß mit Blumen

In feine Plissee-Falten gelegtes Gewand

Hofdame

Frauen und Töchter von Beamten waren am Hof angesehen. Oft dienten sie als Priesterinnen der Hathor, der Göttin der Liebe und Schönheit. Diese Frau trägt ein Gewand aus feinem Leinen mit Fransen und eine Perücke aus Menschenhaar, die mit einem Blumenkranz geschmückt ist.

Pharao

Die kleine goldene Königsfigur trägt die Krone mit der Kobragöttin, den Krummstab und den Dreschflegel, die für das Königtum stehen.

Keramikfliese mit Lotos

Diese Fliese stammt von den Böden oder Wänden des Palastes von Echnaton und Nofretete in Amarna. Überreste wie diese verzierte Fliese liefern uns eine Vorstellung von der Pracht der königlichen Höfe.

Lotosschmuck

Ein „Herzskarabäus“ mit Zaubersprüchen, die im Jenseits Schutz bieten sollten, lag auf der Brust der Mumie.

Mumien

Die Ägypter glaubten, dass die Seele eines Menschen nach dessen Tod weiterlebt und den Körper als Zuhause braucht. Deshalb machten sie die Körper der Verstorbenen durch Mumifizierung haltbar. Dabei wurden die meisten inneren Organe entfernt, getrocknet und in Gefäßen aufbewahrt. Das Herz blieb an seinem Platz, damit es im Jenseits gewogen werden konnte (S. 19). Dann trocknete man den Körper vierzig Tage in Natronsalz, bestrich ihn mit Ölen und Harzen und umwickelte ihn mit Leinenstreifen.

Instrument für das Ritual der Mundöffnung (Peseschkaf)

Gefäß für heilige Flüssigkeit

Becher

„Öffnung des Mundes“

Diese Zeremonie war eine der wichtigsten bei den Bestattungsriten. Man glaubte, dass dadurch die Seele in der Mumie wiedererweckt würde und es ihr möglich würde, zu essen, zu trinken, zu sprechen, zu hören, zu riechen und sich zu bewegen. Dieser Modellbausatz enthält einige Instrumente für diese Zeremonie.

Totenritual

Priester versprengten gereinigtes Wasser und berührten mit den rituellen Instrumenten den Mund der Mumie im aufrecht stehenden Sarg. Der älteste Sohn verbrannte Weihrauch und sprach einen Zauberspruch.

Die Eingeweide kamen in ein Gefäß mit dem Falkenkopf des Kebechsenuef.

Die Lunge legte man in ein Gefäß mit dem Paviankopf des Gottes Hapi.

Wachstäfelchen

Mit Platten wie dieser, die das Auge des Horus tragen (S. 24), bedeckte man Schnitte am Leichnam, die zur Entfernung der inneren Organe vorgenommen worden waren.

Mumien-Etikett

Nachdem die Mumien eingewickelt worden waren, kennzeichnete man sie mit Holzschildchen. Auf dem Schildchen unten ist der Gott Anubis in Schwarz dargestellt. Schwarz war in Ägypten ein Symbol für das Leben, denn es war die Farbe des fruchtbaren Nilschlamms.

Anubis bewachte die Friedhöfe und die Toten.

Anubismaske

Während der Mumifizierung des Leichnams trug ein Priester die Maske des Schakalgottes Anubis.

Anubis trägt einen blau-weißen Kopfschmuck.

Natronsalz

Um den Leichnam auszutrocknen und die Verwesung zu stoppen, verwendete man Natron, das über dem Leichnam aufgeschüttet wurde. Neuere Forschungen haben ergeben, dass die toten Körper von Pharao Tutanchamun und seiner Dynastie in Natronlauge eingelegt wurden, um noch lebensechter auszusehen.

Der Magen wurde in einem Gefäß mit dem Schakalkopf des Duamutef aufbewahrt.

Für die Aufbewahrung der Leber benutzte man ein Gefäß mit dem menschlichen Kopf von Amset.

Kanopen

Die Eingeweide der Toten, wie Magen, Leber und Lunge, bewahrte man in speziellen Kanopengefäßen auf. Jedes Organ befand sich in einem eigenen Gefäß mit einem Deckel, der die Form des Kopfes des Gottes trug, der die Eingeweide beschützen sollte.

EINBLICK

Die Stimme aus der Vergangenheit

Im Jahr 2020 untersuchten britische Wissenschaftler und Archäologen den Vokaltrakt der 3000 Jahre alten Mumie des ägyptischen Priesters Nesyamun (unten). Anhand von Scans druckte man ein anatomisches 3-D-Modell aus und konnte mit einem künstlichen Kehlkopf seine Stimme nachbilden.

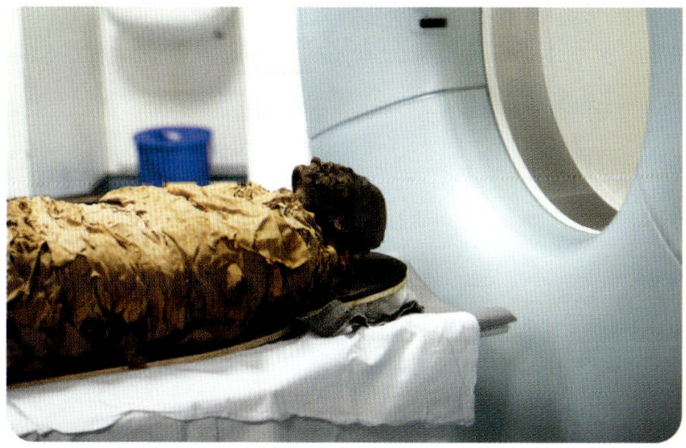

Ewige **Körper**

Hand und Arm einer ägyptischen Mumie

Nachdem der Leichnam in Leinenstreifen eingewickelt und mit Harz versiegelt worden war, setzte man der Mumie eine Maske auf den Kopf und legte sie in einen Sarg. Die Ägypter glaubten, dass die Seele eines Menschen (*Ka*) auch nach seinem Tod lebt und den Körper weiterhin als Zuhause braucht. Die Mumifizierung war eine Möglichkeit, den Körper für die Ewigkeit zu erhalten. Außerdem glaubte man, dass der Körper den Geist des Verstorbenen (*Ba*) enthält. Der *Ba* wurde als Vogel mit einem menschlichen Kopf dargestellt, der in das Jenseits fliegen und zurückkommen konnte.

Gelb-blauer Kopfschmuck

Die Augen sind mit schwarzer Farbe umrandet.

Breiter Kragen aus Perlenreihen und Blütenblättern

Ramses III.

Im Jahr 1886 wickelte man die Mumie von Ramses III. aus und fotografierte sie. Wissenschaftler untersuchten die Mumie im Jahr 2011 in einem Computertomografen (CT) und entdeckten, dass die Tücher um den Hals einen tiefen Schnitt verbergen, der verriet, dass Ramses III. einst ermordet worden war.

Ein Schnitt am Hals der Mumie wurde durch Tücher verdeckt.

Mumienmaske

Um das Gesicht zu schützen, bedeckte man den Kopf der Mumie mit einer Maske. Die Masken der mächtigsten und reichsten Ägypter waren aus Gold gearbeitet. Die gewöhnlichen Masken bestanden jedoch entweder aus mit Gips überzogenem Leinen oder Papyrus oder aus bemaltem Holz, wie diese hier. Sie zeigt die verstorbene Person lebensecht mit durchstochenen Ohrläppchen (für Ohrschmuck) und Halsschmuck.

Himmelsgöttin Nut

Falke

Sarg und Mumie

Sobald die Mumie in mit Harz überzogene Leinenstreifen eingewickelt war, konnte sie nicht mehr verwesen. Das Innere des Mumiensargs schmückte man mit Götterbildern. Die Außenseiten wurden meist mit Hieroglyphen verziert, die den Namen des verstorbenen Menschen und Zaubersprüche enthielten, die ihm Hilfe im Jenseits leisten sollten.

In Hieroglyphen geschriebene Sprüche

Das Jenseits

Die Maske verdeckt die Verbindung zwischen dem Tierkopf des Gottes und dem menschlichen Körper.

In den Händen hielt die Figur ursprünglich einmal Stäbe in Schlangenform.

Auf der Figur mit Widderkopf sind Reste von Leinen, Gips und Harz zu finden.

Gott mit Widderkopf

In den Königsgräbern im Tal der Könige wurden Statuen der Götter der Unterwelt aufgestellt (S. 22). Sie sollten die Seele des Königs auf ihrer Reise ins Jenseits beschützen. Diese Götter hatten Köpfe von Tieren wie Schildkröte, Nilpferd oder Widder.

Der Verstorbene

Anubis, der schakalköpfige Gott der Mumifizierung

Das Wiegen der Herzen

Auf der Darstellung oben wird das Herz eines verstorbenen Menschen auf die Waage gelegt und mit der Feder von Maat, der Göttin der Wahrheit, abgewogen. Wiegt das Herz weniger als die Feder, darf die Seele in das Reich von Osiris gehen und wird wiedergeboren. Ist das Herz schwerer, war die Person im Leben schlecht oder unehrlich. Ihr Herz wird dann an die Göttin Ammit, die „Verschlingerin der Toten", verfüttert, und ihre Seele darf nicht ins Paradies. Thot, der Gott der Weisheit, notiert das Ergebnis.

Im alten Ägypten glaubte man, die Unterwelt sei voller Gefahren wie Feuerseen und giftige Schlangen. Um sich davor zu schützen, schrieb man Zaubersprüche auf die Särge oder auf Papyrusrollen, die man mit ins Grab legte. Wusste man die richtigen Sprüche, sollte man unbeschadet durch die Unterwelt kommen. Als größte Prüfung galt das Totengericht. Dabei wurden die Herzen der verstorbenen Menschen auf eine Waage gelegt und gegen eine Feder aufgewogen, um festzustellen, ob der Mensch ein rechtschaffenes Leben geführt hat. Wer diese Prüfung bestand, der durfte in das Paradies – ein Land, ähnlich wie Ägypten.

Die Klagefrauen weinen laut und werfen Staub über ihre Köpfe.

Klageweiber

Bei Totenfeiern wurden manchmal Frauen zum Weinen engagiert, denn die Anzahl der Trauernden zeigte, wie wichtig der verstorbene Mensch im Leben war.

Ammit, die „Verschlingerin der Toten“

Thot, der Gott der Weisheit mit dem Ibiskopf, trägt eine Schreibpalette

Horus, der falkenköpfige Sohn des Osiris

Osiris, der Herrscher der Unterwelt

Die Göttinnen Nephthys (in Weiß) und Isis

Ganze 70 Tage dauerte die Mumifizierung, um den toten Körper für die Reise ins Jenseits vorzubereiten.

Uschebtis

Viele Könige, Königinnen, Priester und Priesterinnen wurden mit kleinen Figuren von Bediensteten, den Uschebtis, bestattet. Mussten in der Unterwelt Arbeiten verrichtet werden, dann sollten die Uschebtis zum Leben erwachen und diese Aufgaben erledigen.

Die Malerei auf dem Kästchen zeigt die Verehrung der Söhne des Gottes Horus. Sie galten als die Beschützer der Kanopen (S. 14–15).

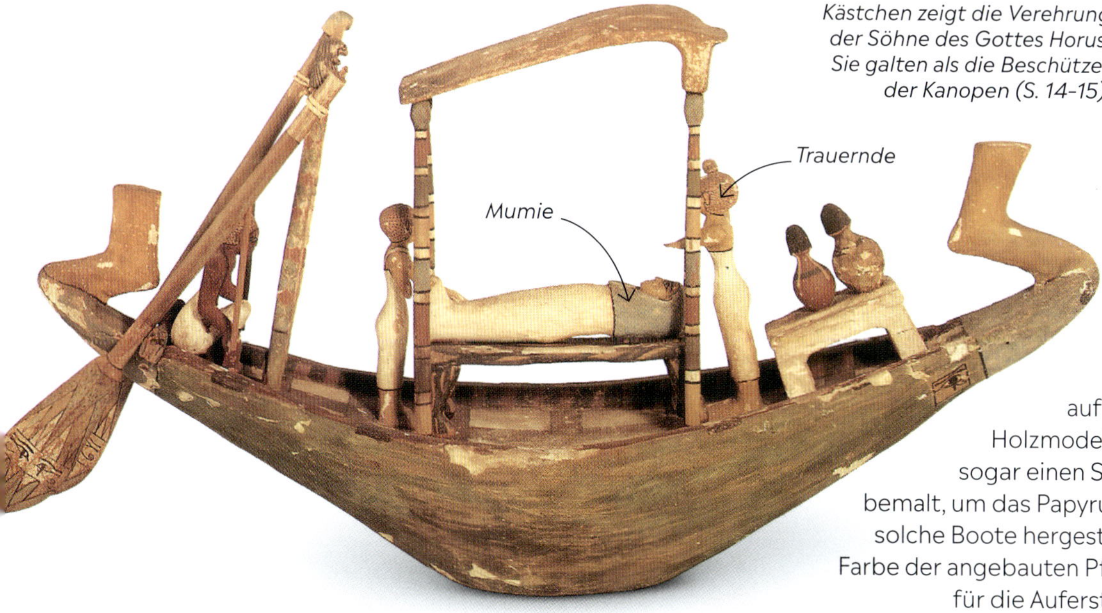

Totenbarke

Die Toten wurden in Begleitung von Trauernden in einem Boot auf dem Nil zur Bestattung transportiert. Man glaubte, dass die Seelen auf dieselbe Weise reisen. Dieses Holzmodell eines Bestattungsboots hat sogar einen Steuermann. Das Boot ist grün bemalt, um das Papyrusschilf darzustellen, aus dem solche Boote hergestellt wurden. Grün ist auch die Farbe der angebauten Pflanzen. Sie gilt als ein Symbol für die Auferstehung der Toten im Jenseits.

Die **Pyramiden**

In Ägypten gibt es etwa 138 Pyramiden. Erst während der Herrschaft von König Snofru errichtete man Pyramiden mit glatt abfallenden Seiten. Sie sollten den Urhügel nachbilden, auf dem der Sonnengott zu Beginn der Zeit stand. Man errichtete diese gigantischen Bauten, um die Körper und Schätze der Pharaonen und Königinnen zu schützen. Um Grabräuber abzuschrecken, versperrten Granitblöcke die Eingänge und es gab irreführende Gänge. Trotzdem waren bis um 1000 v. Chr. fast alle Gräber ausgeraubt. Einige Mumien fand man jedoch noch in den Pyramiden.

Große Halle

Diese 47 m lange und 8,5 m hohe Galerie führt zur Grabkammer des Pharaos. Ihre Wände und ihr Dach sind aus Kalkstein gebaut. Nach der Bestattung wurde der Zugang mit riesigen Granitblöcken verschlossen.

Die Stufenpyramide

Um das Jahr 2650 v. Chr. erbaute der Architekt Imhotep (S. 34) die erste Pyramide als Grabmal für König Djoser. Sie bestand aus sechs großen Stufen und sollte für den König eine Treppe darstellen, um in den Himmel zum Sonnengott aufzusteigen.

Die Cheopspyramide ist die einzige der drei Großen Pyramiden, die heute noch einige glatte Kalksteine der Außenverkleidung an der Spitze trägt.

Pyramidenklettern

Im 19. Jahrhundert bestiegen viele Besucher die Große Pyramide, um die Aussicht von oben zu genießen. Heute ist es streng verboten, auf den Pyramiden herumzuklettern.

Das siebte Weltwunder

Die Große Pyramide von Giseh, die vor etwa 4500 Jahren als Grabmal für König Cheops erbaut wurde, galt als eines der sieben Weltwunder. Ihr Bau dauerte etwa 20 Jahre. Mehr als 2,3 Millionen Kalksteinblöcke mit einem Gewicht von 2,5 bis 15 Tonnen wurden für den Bau gebraucht. Wahrscheinlich benutzte man Hebel und einfache Rollen, um die schweren Steine zu transportieren.

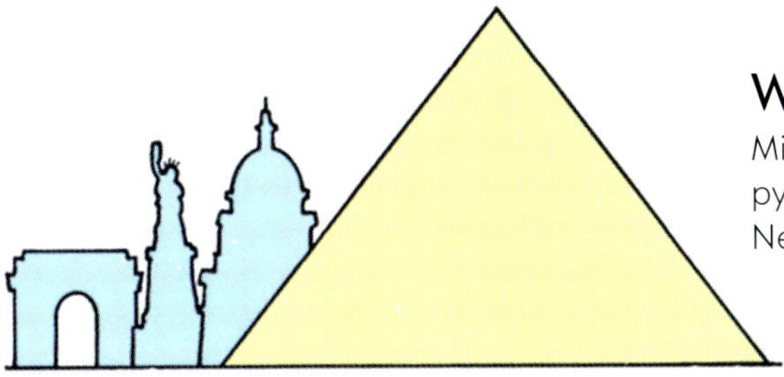

Wie hoch?

Mit insgesamt 147 m ist der Bau der Cheopspyramide höher als die Freiheitsstatue von New York oder der Funkturm in Berlin.

DAS INNERE DER GROSSEN PYRAMIDE

Die glatten Kalksteinblöcke, die ursprünglich die Außenseiten der Pyramide bedeckten, wurden im Mittelalter abgebaut. Man vermutet, dass die unterste Kammer die eigentliche Grabkammer war, die man umbaute, um Grabräuber zu verwirren. Der Raum in der Pyramidenmitte könnte eine aufgegebene Grabkammer gewesen sein. Darüber liegt die Grabkammer, in der Cheops schließlich begraben wurde. Hier gibt es fünf Hohlräume, die das Gewicht der darüber liegenden Steine verteilen.

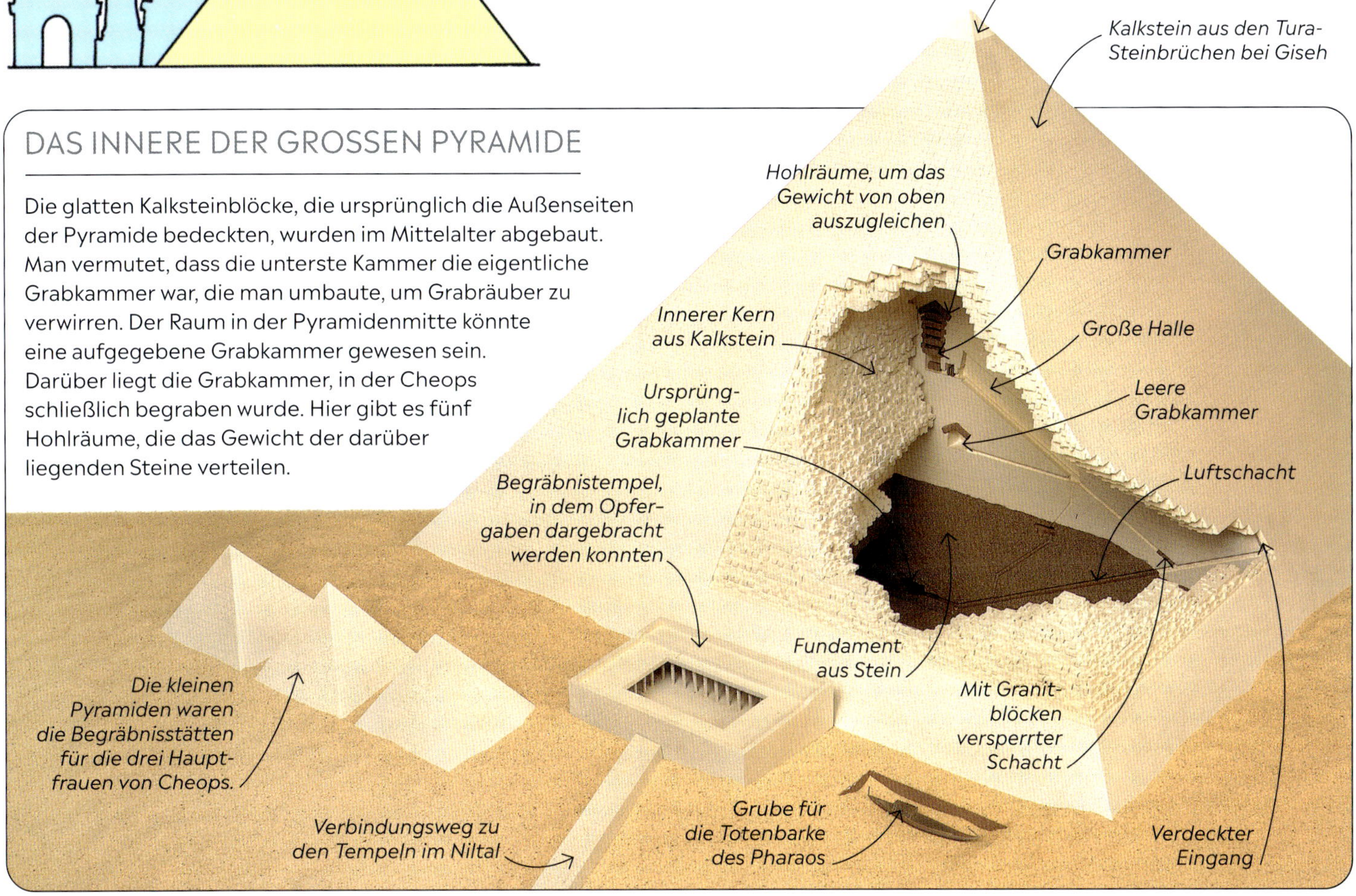

Das Tal der Könige

Obwohl man Ägyptens frühere Herrscher verborgen im Inneren der Pyramiden bestattet hatte, wurden sie zur Beute von Grabräubern. Daher setzte man die meisten Pharaonen zwischen 1504 v. Chr. und 1107 v. Chr. im Tal der Könige in den Bergen westlich des Nils bei Luxor bei. Der schmale Taleingang konnte bewacht werden, und einige Gräber lagen hoch oben in den Felsen. Meist führten die Grabanlagen über einen langen Gang, den „Weg des Sonnengottes", zu einem Brunnenschacht, der dazu diente, Regenwasser aufzufangen und Räuber abzuhalten. Dahinter befand sich die „Halle des Goldes" mit dem Sarg der verstorbenen Person, vergoldeten Möbeln, Schmuck, Kleidung und anderen Schätzen.

Ramses VI.

Als Ramses VI. 1136 v. Chr. starb, wurde er im Tal der Könige in einem Granitsarg beigesetzt. Grabräuber brachen seinen Sarg auf.

Das Tal vor 150 Jahren

Diese Zeichnung von David Roberts zeigt das Tal der Könige im 19. Jahrhundert. Damals war es ein abgelegener Ort. Heute gibt es dort moderne Straßen, Busparkplätze und Souvenirstände.

Uschebti von Seti I.

Dieses Uschebti wurde für König Seti I., den Vater von Ramses II., hergestellt. Die Hieroglyphen auf der kleinen Figur nennen Setis Namen und einen Zauberspruch, mit dem das Uschebti im Jenseits wirken kann. Es war eines von Hunderten, die man in Setis Grab im Tal der Könige fand.

Heilige Schlange

Das Tal der Könige stand unter dem Schutz der Kobragöttin Meretseger. Arbeiter an den Grabanlagen glaubten, dass sie die Macht habe, Lügner und Verbrecher zu blenden oder zu vergiften.

Tutanchamun

Das Grab des Tutanchamun war das einzige Grab im Tal, das von Räubern so gut wie unberührt war, als Howard Carter es 1922 entdeckte. Die Grabkammer enthielt Möbel, Schmuck, Kleider, Speisen, Waffen, Schiffsmodelle sowie die Särge und die Maske des Königs (S. 11). Viele der Gegenstände waren aus massivem Gold oder mit Blattgold überzogen. Einige davon gehörten Tutanchamuns Vater Echnaton und seiner Stiefmutter Nofretete. Mit Tutanchamun wurden seine beiden totgeborenen Töchter und eine Haarlocke seiner Großmutter bestattet.

RÜCKBLICK

Ärchäologe und Künstler

Mit 17 Jahren reiste der britische Archäologe Howard Carter (rechts mit seinem Assistenten Arthur Callender) zum ersten Mal nach Ägypten, wo er als Künstler Grabszenen zeichnete. Später arbeitete er im ganzen Land an Ausgrabungsstätten. Ab 1907 finanzierte Lord Carnarvon die Grabungen von Carter, und 1922 entdeckten die beiden im Tal der Könige das Grab des Tutanchamun.

Deir el-Medina

Diese Ruinen gehören zu dem Dorf, in dem früher die Arbeiter der Königsgräber lebten. Das Dorf wurde im 16. Jahrhundert v. Chr. gegründet und blieb rund 500 Jahre lang bestehen. Damals lebten ungefähr 60 Familien hier.

Grabmalgestalter mit seinem Sohn

Inherkhau, hier mit seinem Sohn, war der Vorgesetzte der Bauarbeiter im Tal der Könige. Er war dafür verantwortlich, die Arbeiter an den Baustellen anzuleiten und dafür zu sorgen, dass sie die richtigen Werkzeuge hatten. Dieses Bild von Inherkhau stammt aus seinem eigenen, bunt bemaltem Grab.

Goldener König

Die vergoldete Figur mit dem Krummstab und dem Dreschflegel stammt aus dem Grab des Tutanchamun. Man nimmt an, dass Tutanchamun hier dargestellt ist, aber in seiner Grabkammer fand man auch Gegenstände, die für seine Vorgänger Echnaton und Nofretete angefertigt wurden.

Ägyptische **Götter**

Im alten Ägypten verehrte man Hunderte von Göttinnen und Götter, und jeder Teil Ägyptens hatte seine eigene Gottheit. Hauptgott war Re, der Sonnengott. Ihn betete man in ganz verschiedenen Formen an, wie zum Beispiel als Khepri (Skarabäuskäfer) und als Atum (Gott der untergehenden Sonne). Andere Götter, die mit Re verbunden waren, sind Re-Harachte (Sonnenfalke) und Amun-Re (Gott der Stadt Theben). Die mächtigste Beschützerin des Sonnengottes Re war seine wilde Tochter Sekhmet, die Göttin mit dem Löwenkopf. Auch die Göttin Isis unterstützte ihn.

Ägyptische Werkstatt

Auf diesem Gemälde aus dem 19. Jahrhundert ist zu sehen, wie Götterfiguren hergestellt werden. Aus Ton wird gerade eine Katze für ein Bildnis der Göttin Bastet (Abb. gegenüber) modelliert.

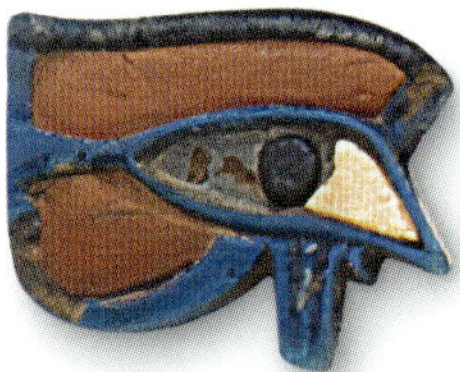

Auge des Horus

Göttin Taweret

Ibis

Amulett

Ein Amulett sollte vor Bösem schützen. Das Udschat stellte dabei das wachsame Auge des Falkengottes Horus dar, und der Skarabäus den Sonnengott Khepri, der die Sonne bei Sonnenaufgang über den Himmel zieht. Der Ibis stand stellvertretend für den Gott Thot, und Taweret, die Göttin in Gestalt eines Nilpferdes, schützte schwangere Frauen, Mütter und Kinder.

Skarabäus mit ausgebreiteten Flügeln

Amun-Re

Zum König der Götter wurde in der Zeit des Neuen Reiches (1550–1086 v. Chr.) Amun-Re (rechts). Viele Geheimnisse umgaben den Gott. Das Wort *amun* bedeutet „verborgen".

Thot wurde mit dem Kopf eines Ibis dargestellt.

Thot

Der Gott des Mondes, Thot, beschützte die Magie und Heilkunst, die Mathematik und die Schrift. Er war außerdem der Schutzpatron der Schreiber. Sein Symboltier ist der Ibis.

Isis und Anubis

Isis galt als die mächtigste Gottheit und war die Schutzgöttin der Familie. Ihr zur Seite stand der schakalköpfige Gott Anubis (S. 14). Da Anubis mit den Toten eng verbunden war, überwachte er auch die Einbalsamierungen.

Götter des Reichtums

Der Nilgott Hapi ist hier gleich zweimal dargestellt. Durch die jährlichen Überschwemmungen des Nils garantierte er die Fruchtbarkeit des Landes.

Horus

Der Himmelsgott Horus war der Sohn von Isis und Osiris und wird meist mit einem Falkenkopf dargestellt. Man glaubte, jeder Pharao verkörpere den „lebenden Gott Horus“ und sei somit auch ein Gott. Die Wandmalerei zeigt König Thutmosis III. vor Sokar, einem anderen falkenköpfigen Gott, der mit Horus eng verbunden ist.

Bastet

Die Katzengöttin Bastet gilt als kleinere und freundlichere Version der Göttin Sekhmet mit dem Löwenkopf.

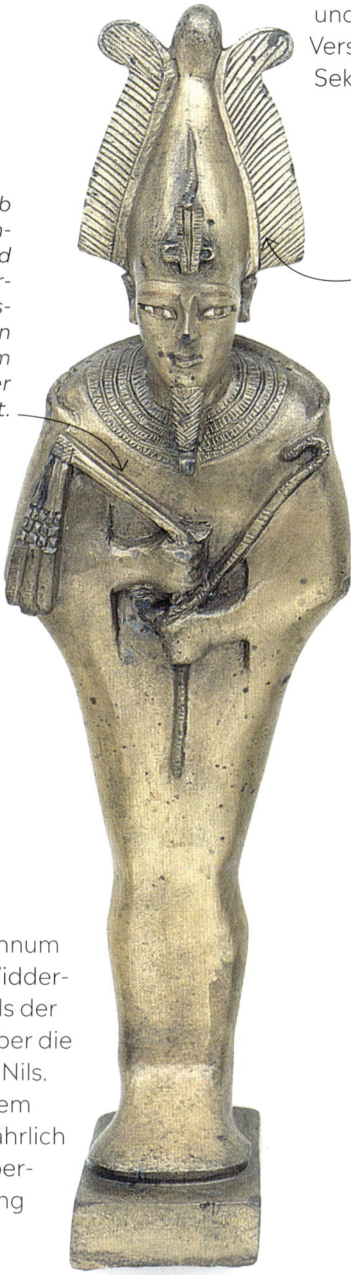

Krummstab und Dreschflegel sind die Herrschaftssymbole von Osiris, dem König der Unterwelt.

Osiris trägt die weiße Krone des südlichen Ägyptens mit den Straußenfedern.

Chnum

Der Gott Chnum mit dem Widderkopf galt als der Wächter über die Quelle des Nils. Er befahl dem Gott Hapi jährlich für die Nilüberschwemmung zu sorgen.

Osiris

Man glaubte, dass Osiris einst ein König war. Er herrschte als Gott über die Unterwelt und das Leben nach dem Tod. Sein Reich unter der Erde stellte man sich wie Ägypten vor.

Silberne Halskette mit dem Auge des Horus

Skarabäus

Krankheiten **heilen**

Im alten Ägypten spielten Magie und Heilkunst eine wichtige Rolle. Ägyptische Ärzte besaßen ein ausführliches Wissen über den Körper des Menschen und über Krankheiten. Sie schrieben auch Handbücher. Darin erklärten sie zum Beispiel, wie man Fieber, Tumore und Augenleiden behandeln kann. Ärzte und Magier arbeiteten zusammen und verwendeten Arzneien, Pflanzen und Zaubersprüche, um Krankheiten zu heilen und das Böse abzuwehren. Viele Menschen trugen besondere Amulette, um sich vor Krankheiten zu schützen.

Osiris-säule als Amulett

Kopfstütze als Amulett

Isisknoten-Amulett

Amulette

Um Unfälle und Krankheiten abzuwehren, trug man an Halsketten und Armbändern magische Amulette. Man wickelte die Amulette auch in die Mumienhüllen ein, damit die Verstorbenen im Jenseits Schutz erfahren würden.

Taweret

Die Göttin Taweret sollte Frauen bei der Geburt ihres Kindes beschützen. Sie wurde in der Gestalt eines wilden, schwangeren Nilpferds dargestellt.

Schutzgott für die Familie

Bes war ein bliebter Hausgott. Halb Zwerg, halb Löwe bot er den neugeborenen Kindern und den Familien Schutz. Bes wird oft mit fratzenhaften Gesichtszügen und herausgestreckter Zunge dargestellt. Damit sollten die bösen Geister verscheucht werden.

Erhöre uns!

Auf dem Stein (Stele) ist ein Gebet an den Gott Ptah eingemeißelt. Damit der Gott das Gebet gut hört, sind auf dem Stein viele Ohren dargestellt.

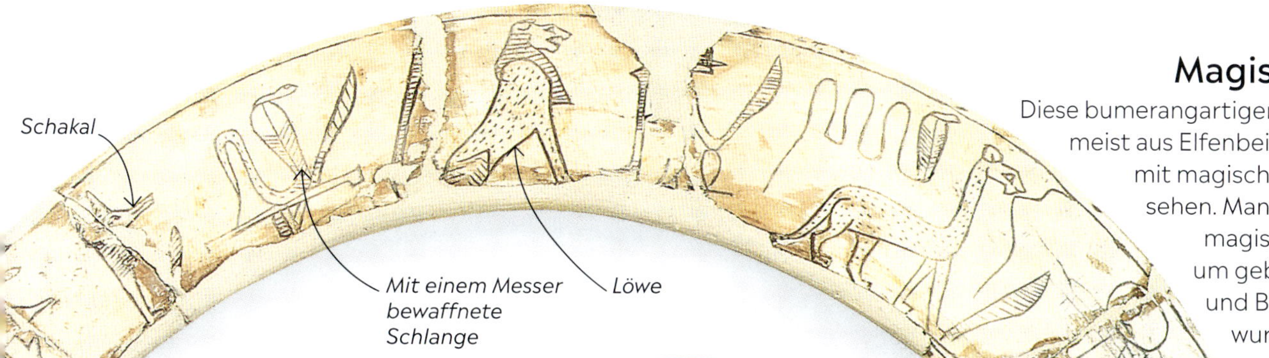

Magischer Stab

Diese bumerangartigen Stäbe wurden meist aus Elfenbein gefertigt und mit magischen Zeichen versehen. Man zog damit eine magische Schutzlinie um gebärende Frauen und Babys. Die Stäbe wurden auch in die Gräber gelegt. Sie sollten den Seelen im Jenseits bei der Wiedergeburt helfen.

Horus

Die mit magischen Zeichen bedeckte Steinplatte (Stele) sollte Familien vor den natürlichen Gefahren des Lebens in Ägypten schützen. Auf dem Stein ist der Gott Horus als Kind dargestellt, das auf dem Rücken von Krokodilen steht und Schlangen, Skorpione und Löwen bändigt. Um seine magische Kraft aufzunehmen, goss man Wasser über den Stein und trank es als Heilmittel.

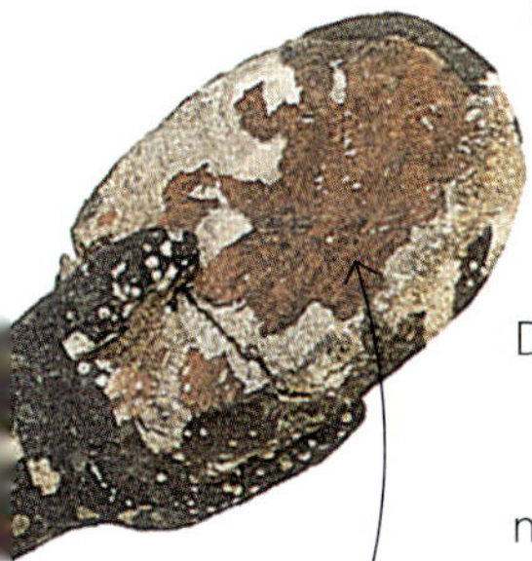

Medizinischer Papyrus

Der Papyrus beschreibt Behandlungen für Augen und Haut und Maßnahmen bei Verbrennungen und Blutungen. Bei 25 Behandlungen werden medizinische Zutaten genannt, bei den restlichen 36 Behandlungen magische Praktiken.

RÜCKBLICK

Erster Zahnarzt

Nach Meinung der Forscher war Hesire am Hof von König Djoser um 2650 v. Chr. der weltweit erste bekannte Arzt und Zahnarzt. In seinem Grab fand man Tafeln, die ihn als „Chef der Zahnärzte und Ärzte“ auszeichnen. Hesire behandelte wahrscheinlich auch Zahnfleischerkrankungen.

Heilende Pflanzen

In der Magie und Medizin verwendete man meist Pflanzen. Viele Pflanzenstoffe waren sehr kostbar. Das Harz des Zedernbaums für Arzneien und für die Mumifizierung musste aus dem Libanon importiert werden.

Henna

Schon um 3400 v. Chr. wurde Henna zum Haarefärben benutzt. Man mischte es auch in Tinkturen, die das Haarwachstum fördern sollten.

Knoblauch

Er sollte Schlangen abwehren und bei einem Bandwurmbefall helfen.

Wandschmuck mit Lotosblüten

Lotos (Seerose)

In Ägypten spielte der Lotos eine wichtige Rolle. Seine Blüten und Wurzeln nutzte man zu Heilzwecken.

Lotosblüte

Wacholderbeeren

Die Beeren sollten Kopfschmerzen, Asthma und Verdauungsstörungen lindern. Wacholderöl setzte man bei der Mumifizierung ein.

Tempel

Die Tempel im alten Ägypten wurden im Auftrag des Pharaos von hohen Priestern und Priesterinnen geleitet, die Reichtum und Macht besaßen. Sie kontrollierten die Schatzkammern der Tempel und große Ländereien. Oft wurde das Amt des Hohepriesters über Generationen von einer Familie ausgeübt, bis ein Pharao einen neuen Hohepriester ernannte. Priester der unteren Ränge arbeiteten meist nur zeitweise, führten Aufzeichnungen, organisierten die Opfergaben und kümmerten sich um den Tempelbesitz.

Der Tempel von Dendera
Als ihre griechische Familie, die Ptolemäer, über Ägypten herrschte (S. 62–63), ließen Kleopatra und ihr Vater Ptolemaios XII. diese gigantische Tempelanlage für die Göttin Hathor erbauen.

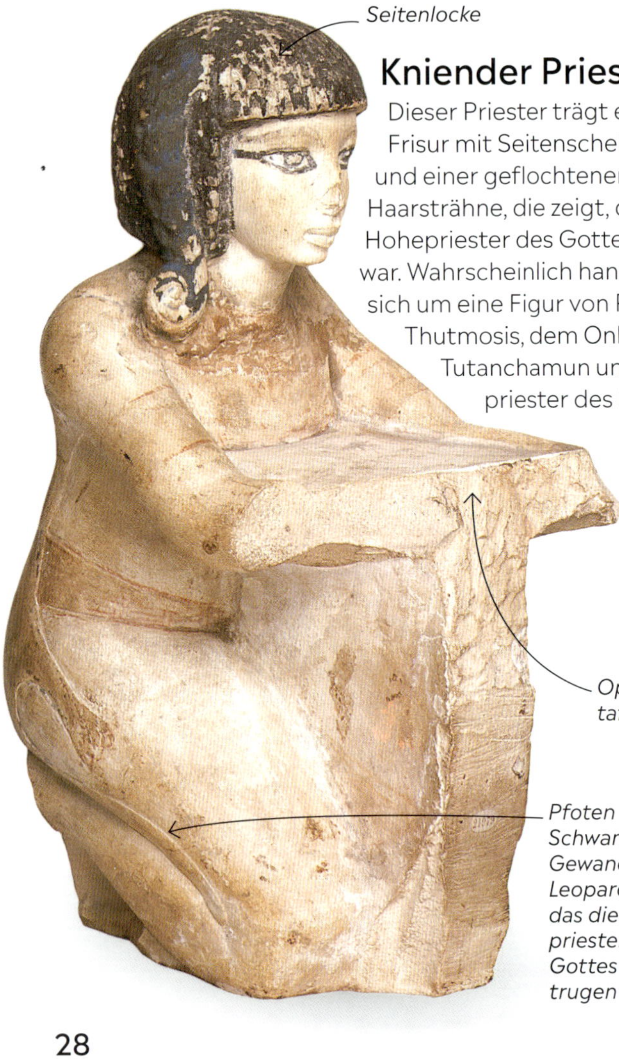

Kniender Priester
Dieser Priester trägt eine Frisur mit Seitenscheitel und einer geflochtenen Haarsträhne, die zeigt, dass er Hohepriester des Gottes Ptah war. Wahrscheinlich handelt es sich um eine Figur von Prinz Thutmosis, dem Onkel von Tutanchamun und Hohepriester des Ptah.

Die Gesamtfläche des Totentempels für Pharao Amenhotep III. in Kom el-Hetan war größer als sechs Fußballfelder.

Der letzte der ägyptischen Tempel
Der Isis-Tempel auf der Insel Philae im Süden Ägyptens war der letzte ägyptische Tempel, der noch in Gebrauch war, bevor die Christen ihn übernahmen und in eine Kirche umwandelten.

Obelisken

Obelisken waren aus einem Stück Stein gehauen und trugen Inschriften an Gottheiten und die Herrschenden. Die vergoldete Spitze der Säule sollte die ersten Sonnenstrahlen auffangen und die Kraft des Sonnengottes auf die Erde schicken.

Eingang zum Tempelbezirk
Dieser Obelisk war einer von zwei Obelisken am Eingang zum Tempel von Luxor. Der zweite Obelisk steht heute auf der Place de la Concorde in Paris (S. 71).

Goldener Sarg

Dieser vergoldete Holzsarg aus der Zeit um 1250 v. Chr. gehörte zum Grab von Henutmehyt, einer reichen Priesterin des Gottes Amun. Er zeigt Henutmehyt jung und schön – so, wie sie für die Ewigkeit aussehen wollte.

Geflügelte Himmelsgöttin

Kolossalstatuen

In Abu Simbel in Nubien, südlich von Ägypten, ließ Ramses II. zwei große Tempel errichten – einen für seine Königin Nefertari und die Göttin Hathor, den anderen für sich und die Götter Amun, Re-Harachte und Ptah.

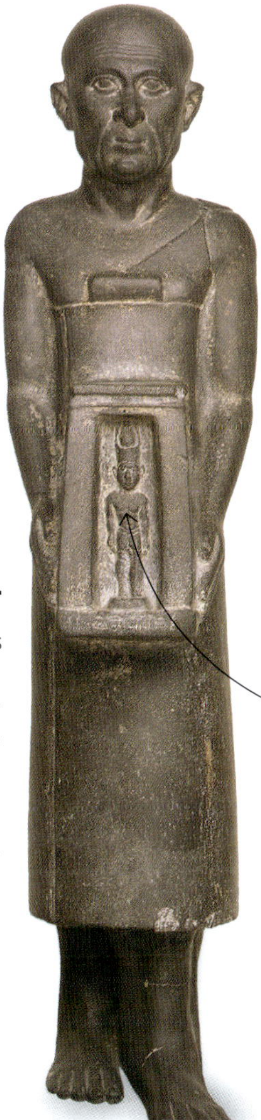

Kleiner Schrein mit der Figur des Gottes Atum

Älterer Priester

Die Ägypter stellten sich selbst gern als ewig jung dar. Diese Statue zeigt jedoch den priesterlichen Beamten Sematawy als älteren Mann mit Falten. Die Figur stammt aus der Zeit, als die Griechen in Ägypten regierten. Griechische Künstler schufen lebensechtere Statuen.

Vogelfütterung

Als Symbol des Gottes Thot war der Ibis in Ägypten heilig. Dieses Gemälde aus dem 19. Jahrhundert zeigt Ibisse, die von einer Priesterin gefüttert werden.

Heilige **Rituale**

Der Eintritt in den Tempel war allein der königlichen Familie und den Priestern und Priesterinnen gestattet. Der Hohepriester betrat das Tempelheiligtum mit Weihrauch und Weihwasser und brach das Siegel an der Tür des Schreins mit der goldenen Götterstatue auf. Dann wuschen und kleideten die Priester die Statue und brachten ihr Opfergaben dar. Beim Verlassen des Tempels reinigte man den Boden, um keine Spuren zu hinterlassen.

Situla
Dieses eimerartige Gefäß aus Bronze, Situla genannt, enthielt Wasser aus dem heiligen See des Tempels. Man verwendete es bei Zeremonien, um Gegenstände mit heiligem Wasser zu besprengen.

Paviane huldigen dem Halb- und dem Vollmond.

Der Sockel der Situla läuft spitz zu. Man stellte das Gefäß auf einem Ständer ab.

Ritualgefäß
Metallvasen wie diese enthielten heiliges Wasser, das über die Opfertafeln gegossen wurde, um die Opfergaben zu reinigen. Die Vasen enthielten oft auch eine Mischung aus Wasser und Natron (S. 15) für Waschungen.

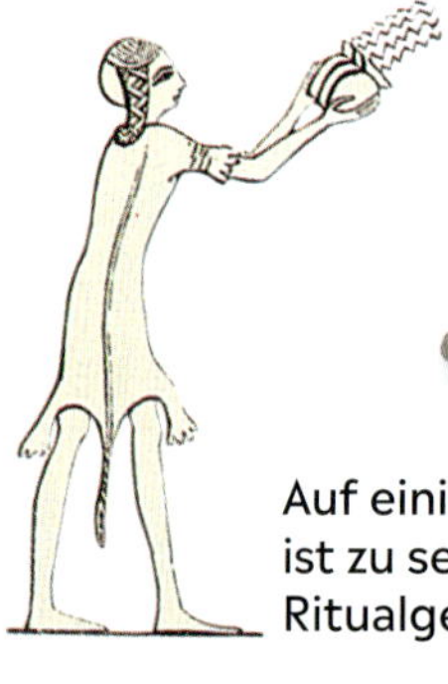

Auf einigen Wandgemälden ist zu sehen, wie man die Ritualgefäße benutzt hat.

Anch

Verehrung des Gottes
Die Priesterin Deniuenkhons bringt dem Gott Re-Harache-Atum, einer Figur, die drei Sonnengötter in sich vereint, Opfergaben dar. Der Gott hält Krummstab und Dreschflegel als Zeichen seiner Macht und trägt das Anch, das ägyptische Zeichen für ewiges Leben.

Becher für das Abbrennen von Weihrauchharz

Behälter für das Weihrauchharz

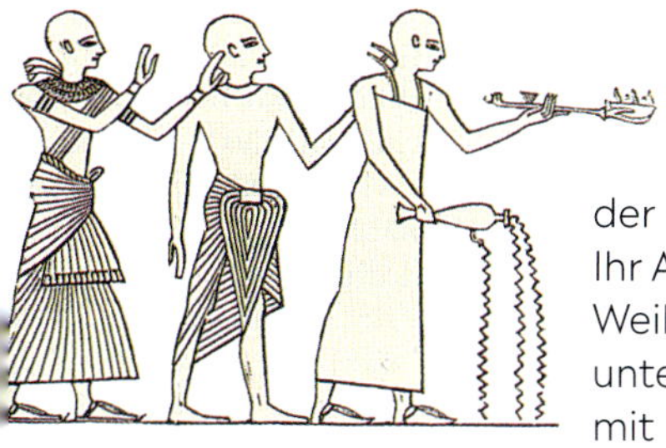

Prozession

Diese Priester haben ihr Haar als Zeichen der Reinheit abrasiert. Ihr Anführer trägt einen Weihraucharm (ganz unten) und ein Gefäß mit heiligem Wasser.

Kniender Priester mit rasiertem Kopf

Ein Frosch sitzt über der Wasserrinne.

Opfergaben

Dieses Modell einer Opfertafel zeigt einen Priester, der gerade heiliges Wasser über Brot und ein Gefäß mit Flüssigkeit gießt. An der Vorderseite der Tafel ist eine Rinne angebracht, durch die das Wasser abfließen kann.

Auf Wandgemälden sieht man Räucherarme im Einsatz.

Aufsatz einer Fahnenstange

Bei Prozessionen trugen Priester Standarten (Fahnenstangen). Von diesen sind heute nur die Symbole an der Spitze der Stangen erhalten. Sie werden Finial genannt. Dieses Finial zeigt den Falkengott Horus, der als Sinnbild für den König Ägyptens steht.

Thronende Göttin Mut

Köpfe der Hathor, der Göttin der Schönheit und Liebe, schmücken die Säulen.

Griff aus Elfenbein

Spiegel

Spiegel benutzte man im Alltag und in den Tempeln. Auf diesem Spiegel ist eine Priesterin zu sehen, die der Göttin Mut, der Frau des Gottes Amun, einen Spiegel opfert. Die Kupferscheibe des Spiegels war früher auf Hochglanz poliert. Sie blendete die Augen wie die Sonne und reflektierte das Licht. Der kreisrunde Spiegel sitzt auf einem bronzenen Sockel, der den Halbmond darstellen soll.

Räuchern für gute Luft

Weihrauch verwendete man in Form von Harzkügelchen zum Räuchern. Brennt das Harz, dann steigt zusammen mit dem Rauch der Weihrauchduft auf. Er sollte die Götter in den Tempeln erfreuen und die Luft reinigen.

Königin Nefertari konnte schreiben
Nefertari war gebildet und schrieb auch ihre Briefe selbst. In dieser Darstellung aus ihrem Grab steht sie vor Thot, dem Gott der Schrift, und verkündet: „Ich bin Schreiberin".

Schreiber

Im alten Ägypten konnten nur etwa 1% der Menschen lesen und schreiben. Wer es gelernt hatte, war als Schreiber sehr angesehen. Die Ausbildung dauerte Jahre. In der Regel wurden Jungen unterrichtet, nur selten Mädchen. Als Schreiber musste man Hieroglyphen (Bildsymbole) und die hieratische Schrift (Schreibschrift) erlernen. Die Farbe zum Schreiben stellte man aus Mineralien her, die Schreibfedern aus Schilf. Schreiber mussten keine Steuern zahlen und nicht in der Landwirtschaft oder auf Baustellen arbeiten.

Papyrus
Das etwa 4 m hohe Schilfrohr wuchs dicht entlang der Nilufer. Da es für Boote, Seile, Sandalen und für Schreibmaterial rücksichtslos abgeerntet wurde, war es irgendwann ausgerottet.

PAPYRUSBLÄTTER

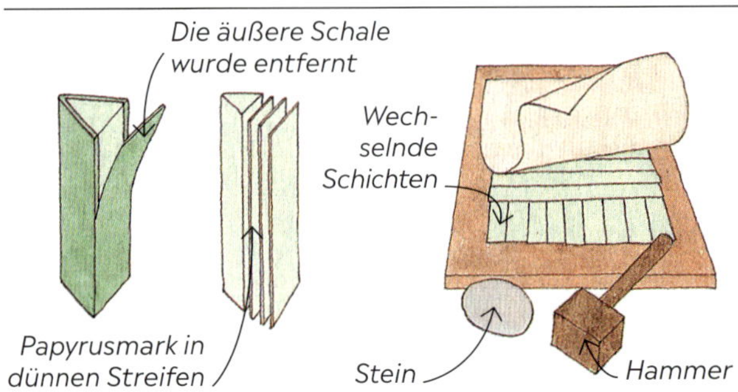

Die Markstreifen wurden in zwei Lagen (horizontal und vertikal) gelegt, mit Leinen bedeckt, und mit Steinen oder einem Hammer flachgedrückt, sodass die Streifen verklebten.

Vertiefungen für Farbe

Gänsezählung

Ein Schreiber zählt die Gänse auf dem Anwesen eines Beamten und verzeichnet die Gesamtzahl der Gänse für die Steuerzahlungen.

Fragment einer Wandmalerei aus dem Grab von Nebamun, einem wohlhabenden Beamten

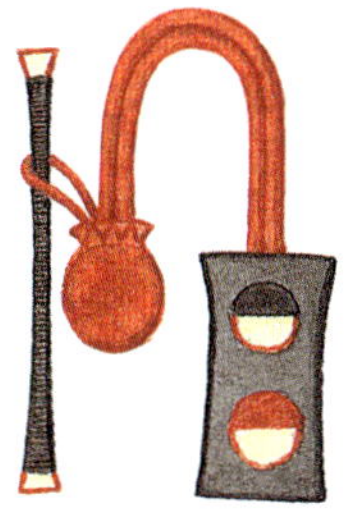

Zeichen für Schreiber
Die Hieroglyphe, die das ägyptische Wort für Schreiber darstellt, zeigt einen Halter für den Stift, einen Wasserbehälter und eine Palette.

Zeichner

Schreiber gestalteten manchmal als sogenannte Zeichner königliche Bauten. Unvollendete Gräber wie das von König Horemheb zeigen die Arbeitsphasen. Erst zeichneten junge Künstler Szenen mit rotem Ocker auf Gips vor. Erfahrene Künstler nahmen dann Änderungen in schwarzer Farbe vor. Anschließend wurden die Flächen mit Farbe ausgefüllt.

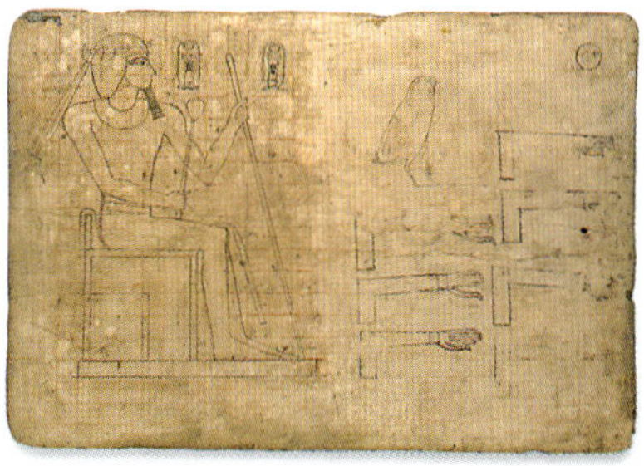

Skizze von Thutmosis III.
Der Künstler zeichnete die Figur auf ein Gitter, um die richtigen Proportionen zu erhalten.

Reibstein zum Zerkleinern von Pigmenten

Farbpalette
Die Palette gehörte einem königlichen Schreiber. Er stellte seine Farben aus fein geriebenen Pigmenten wie rotem Ocker und blauen oder grünen Mineralien her. Die Farbe Schwarz bestand aus Ruß oder Holzkohle.

Name des Königs Ahmose I.

Rohrfeder für präzises Schreiben

Holzpalette
Die Schreiber besaßen meist eine tragbare Palette wie diese, die sie überallhin mitnehmen konnten.

Schreiber und Vorgesetzter
Die Schreiber scheinen die Worte ihres Vorgesetzten auf ihre Schriftrollen zu schreiben. Vor ihnen steht ein Dokumentenbehälter.

Pinsel
Mit dicken, kurzen Pinseln aus Pflanzenfasern (oben links) bemalte man große Flächen. Mit längeren Pinseln aus dünnen Stöcken ergänzte man Details.

Die Schrift

Hieroglyphen
Schreiber verwendeten für die Schrift Bilder aus ihrer Umgebung. Für den Konsonanten „m“ stand die Schleiereule. In der Inschrift (im Bild links) ist sie Teil des königlichen Namens „Amen em hat“.

Schreiber waren Experten für Hieroglyphen, eine Bilderschrift mit etwa 700 Zeichen, die für Inschriften auf Tempeln, Gräbern, Statuen und für religiöse Texte auf Papyrus verwendet wurde. Eine Kurzform der Hieroglyphen für Alltagszwecke war die hieratische Schrift. Zum Verfassen von Rechtsdokumenten benutzte man die einfachere demotische Schrift. Später mussten Schreiber Griechisch beherrschen, die Sprache der neuen Herrscher in Ägypten.

Imhotep
Der geniale Schriftgelehrte lebte vor 4700 Jahren. Er war Hohepriester des Sonnengottes und Erbauer der ersten Pyramide Ägyptens in Sakkara.

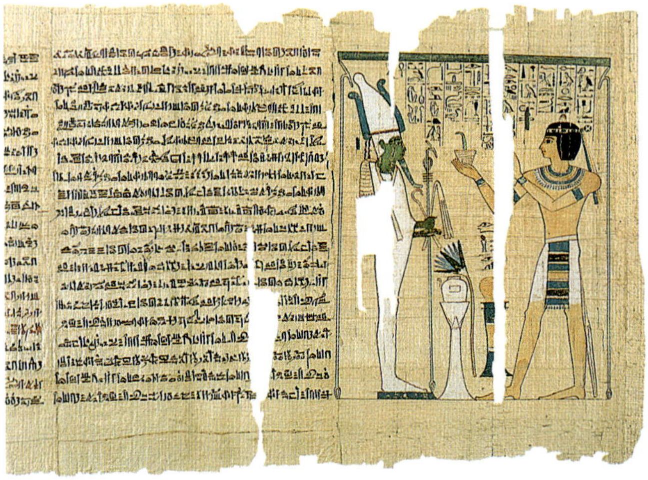

Zwei Schriften in einem Text
Schreiber verwendeten meist die einfachere hieratische Schrift, um auf Papyrus zu schreiben (oben links). Oberhalb der Figuren werden Hieroglyphen verwendet (oben rechts).

Königliches Türschild
Die Bronzetafel befand sich am Tor eines Palastes oder Tempels. Sie trägt den Namen Amenhotep IV., der sich später Echnaton nannte.

Königsnamen in einem Oval nennt man Kartusche.

Entenküken-Hieroglyphe

Zum Üben
Einige Hieroglyphen waren kompliziert und mussten von den Schreibern immer wieder geübt werden. Hier hat ein Schreiber die Hieroglyphe „Entenküken“ wiederholt. Sie steht für das Wort „Wesir“. Der Wesir war der ranghöchste Beamte.

Der Stein von Rosetta

Als die letzten Tempel in Ägypten im 6. Jahrhundert n. Chr. geschlossen wurden, gab es keine Tempelschulen mehr. Die Hieroglyphenschrift wurde nicht mehr gelehrt und geriet in Vergessenheit, bis man den Stein von Rosetta 1799 fand. Auf ihm steht ein Text in drei Schriften. Der untere Teil ist auf Griechisch, der mittlere in der ägyptischen demotischen Schrift, der obere in Hieroglyphen abgefasst. Da die Schriften denselben Text darstellen, ließen sich die Hieroglyphen durch das Lesen und Vergleichen mit der griechischen Schrift entziffern.

RÜCKBLICK

Übersetzer des Steins von Rosetta

Der Franzose Jean-François Champollion gilt als Begründer der Ägyptologie. Er sprach mehrere Sprachen und studierte schon als Jugendlicher die Hieroglyphen. 1822 übersetzte er die dreisprachigen Inschriften auf dem Stein von Rosetta, die die Entzifferung der Hieroglyphen ermöglichte. Von ihm stammen viele Übersetzungen ägyptischer Texte sowie ein Wörterbuch und eine Grammatik.

Rollsiegel

Das Siegel (links) trägt Namen und Titel von König Pepi I. Man rollte das zylindrische Siegel über eine Platte aus weichem Ton und erhielt den Abdruck der Siegelinschrift (oben).

Etikett

Dokumente auf Papyrus kennzeichnete man mit kleinen Tafeln. Dieses Etikett lag bei einem Text über Bäume.

Skarabäus mit Inschrift

Auf diesem Skarabäus ist eine Nachricht von Amenhotep III., dem Großvater Tutanchamuns, eingraviert. Der Text berichtet davon, dass Amenhotep in den ersten zehn Jahren seiner Regentschaft 102 Löwen getötet hat.

Oberseite

Unterseite

Waffen für **den Krieg**

Die ägyptische Armee war gut organisiert. Unter Führung des Pharaos kämpften Bogenschützen, Speerträger und Wagenlenker. Die Streitwagen wurden von Pferden gezogen und dienten als Plattformen, von denen aus Bogenschützen auf den Feind schießen konnten. Auch Schreiber zogen in den Krieg und verfassten Berichte über die Feldzüge. Die Soldaten bewachten in Friedenszeiten die Grenzen und gruben Bewässerungskanäle.

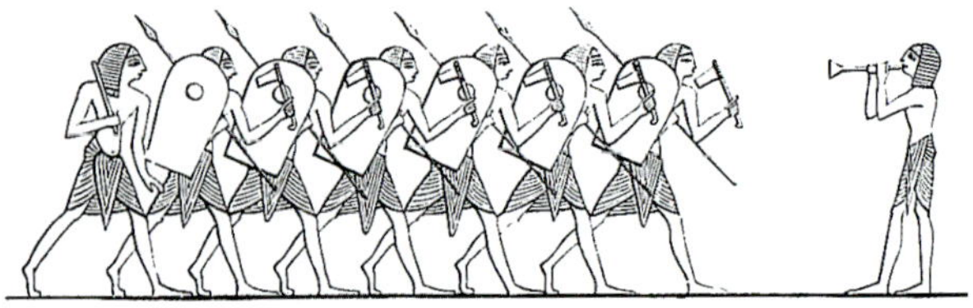

Bewaffnete Soldaten setzen sich in Bewegung, nachdem sie das Trompetensignal erhalten haben.

Der König in der Schlacht

Diese Szene aus dem Grab des Tutanchamun zeigt den König beim Angriff auf die Nubier. Er steht allein in einem von Pferden gezogenen Streitwagen und attackiert die Feinde mit Pfeilen. Die Darstellung ist unrealistisch, denn der König hätte, um den Streitwagen zu fahren, einen Wagenlenker gebraucht.

Streitaxt

Im gesamten Gebiet des heutigen Nahen Ostens verwendete man Äxte als Waffen. Die Axt mit dem silbernen Griff (rechts) hat eine lange Klinge zum Schneiden. Die Axt mit der verzierten Klinge (Mitte) kam bei Zeremonien zum Einsatz, könnte aber auch eine nützliche Waffe gewesen sein wie die einfache Axt ganz rechts.

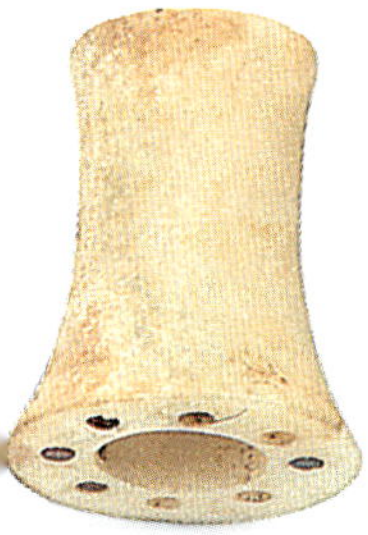

Feuersteinspitze

Daumenring

Steinringe wie dieser schützten den Daumen eines Bogenschützen vor Verletzungen beim Spannen der Bogensehne.

Klein, aber tödlich

Pfeilspitzen wurden aus Feuerstein und später aus Bronze hergestellt. Hufeisenförmige Spitzen verwundeten den Gegner, dreieckige Spitzen waren tödlich.

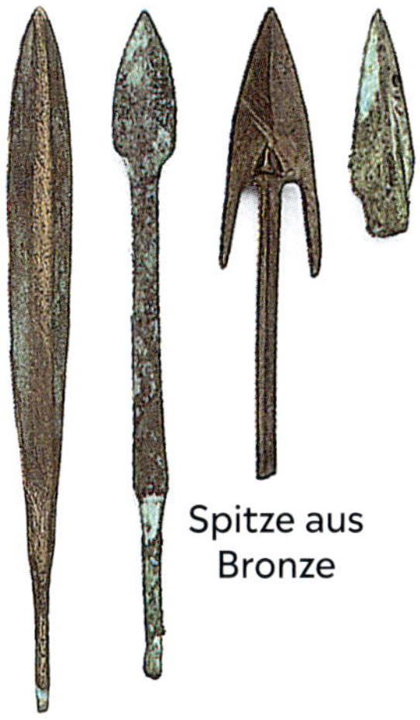

Spitze aus Bronze

Pfeil

Die stumpfe Spitze und der Schaft aus Schilfrohr sprechen dafür, dass es sich hier eher um die Waffe eines Jägers handelte.

Dolch und Schwert

Schwerter besaßen knaufartige Griffe und längere Klingen als Dolche. Die Form der ägyptischen Schwerter war von Waffen aus dem Nahen Osten beeinflusst.

Dolch

Kurzschwert

Langschwert

Beim Marschieren

Diese Fußsoldaten sind mit Streitäxten, Speeren und großen Holzschilden bewaffnet.

Orden

Tapfere Krieger erhielten Goldene Fliegen als Auszeichnung verliehen. Die größten Goldfliegen gab es unter der Herrschaft von Königin Ahhotep.

Tödliche Klinge

Ägyptische Dolche hatten feine, spitz zulaufende Kupferklingen. Die Griffe aus Knochen oder Elfenbein lagen gut in der Hand. Ihre Dolche trugen die Soldaten offen am Gürtel oder in hölzernen Scheiden.

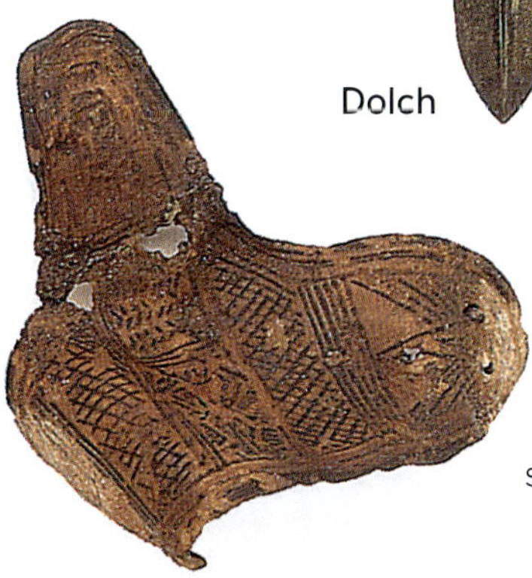

Handgelenkschützer

Die Bogenschützen trugen lederne Gelenkschützer, um sich beim Abschuss eines Pfeils vor dem Zurückschnalzen der Bogensehne zu schützen.

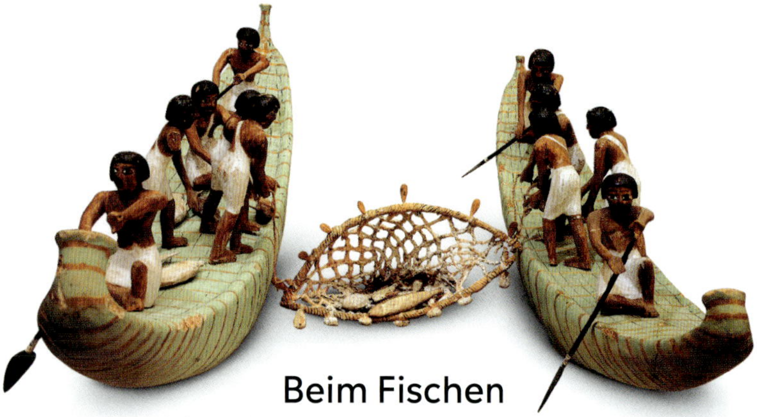

Beim Fischen

Diese kleinen Holzmodelle zeigen Boote aus zusammengebundenen Papyrusschilfbündeln. Jedes Boot wird von zwei Ruderern angetrieben. Die Fischer ziehen zwischen den Booten ein Netz her, das mit Fischen gefüllt ist.

Zedern

Für den Bau großer Schiffe und Boote verwendete man das Holz von Zedern, die auf den Hügeln des Libanon und Syriens wuchsen. Zedern werden bis zu 33 m hoch und lieferten die längsten Hölzer für den Schiffsbau. Um 2600 v. Chr. schickte König Snofru 40 Boote nach Byblos, um Zedernholz zu holen.

Schiffe **auf dem Nil**

Der Nil war die Hauptverkehrsader Ägyptens. Auf Schiffen wurden Menschen, Vieh, Getreide und Steine aus den Steinbrüchen transportiert. Zeremonielle Totenschiffe aus Zedernholz sollten den mumifizierten Körper und den Sarg des Pharaos ins Jenseits bringen. Im Jahr 1954 entdeckte man eine der für König Cheops angefertigten Totenbarken in einer Grube neben der Großen Pyramide (S. 20–21). Das Schiff wurde vor etwa 4500 Jahren gebaut und war 43 Meter lang. Wahrscheinlich wurde es in der Nähe des Pharaos begraben, damit dieser im Jenseits durch die Lüfte segeln konnte.

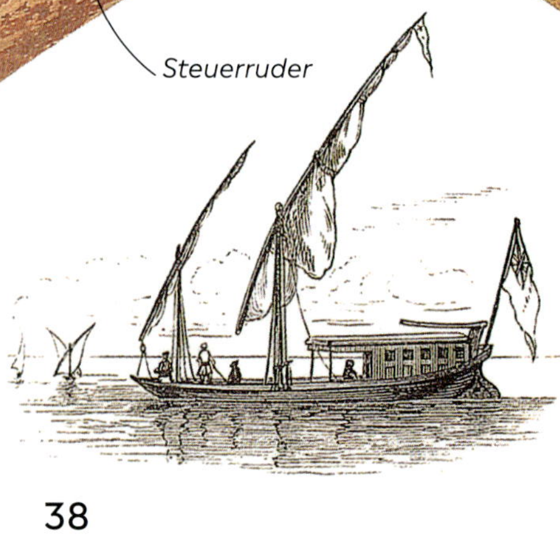

Segelschiffe

Dahabeyas sind große Zweimast-Segelschiffe. Noch vor 150 Jahren konnte man auf dem Nil so viele dieser Segler sehen wie im alten Ägypten.

Alle an Bord

Wie reich ein Landbesitzer war, hing von der Anzahl der Rinder ab, die er besaß. Wenn das Nilwasser zu tief war, um durchzuwaten, benutzte man breite Boote, um die Rinder auf die andere Flussseite zu transportieren. Hier sieht man die Tiere unsicher auf den Stallboxen balancieren. In Wirklichkeit standen sie auf dem Deck der Boote.

EINBLICK

Antike Schilfboote nachgebaut

Der ägyptische Ingenieur und Diplomat Hassan Ragab (1911–2004) führte die ausgestorbene Papyruspflanze wieder in Ägypten ein. Er baute lebensgroße Modelle von Booten aus Papyrusschilf und eine antike Bootswerft im Pharaonischen Dorf (unten). Dieses Dorf, das Ragab in der Nähe der Hauptstadt Kairo errichtete, war die Nachbildung einer altägyptischen Siedlung.

Bei der Arbeit

Schiffszimmerleute haben ein kleines Boot mit Balken abgestützt und biegen die Planken in Form, indem sie die Spannseile mit Stöcken verdrehen. Andere Arbeiter schlagen Pflöcke in Bohrungen und hobeln die Halterung für das Steuerruder.

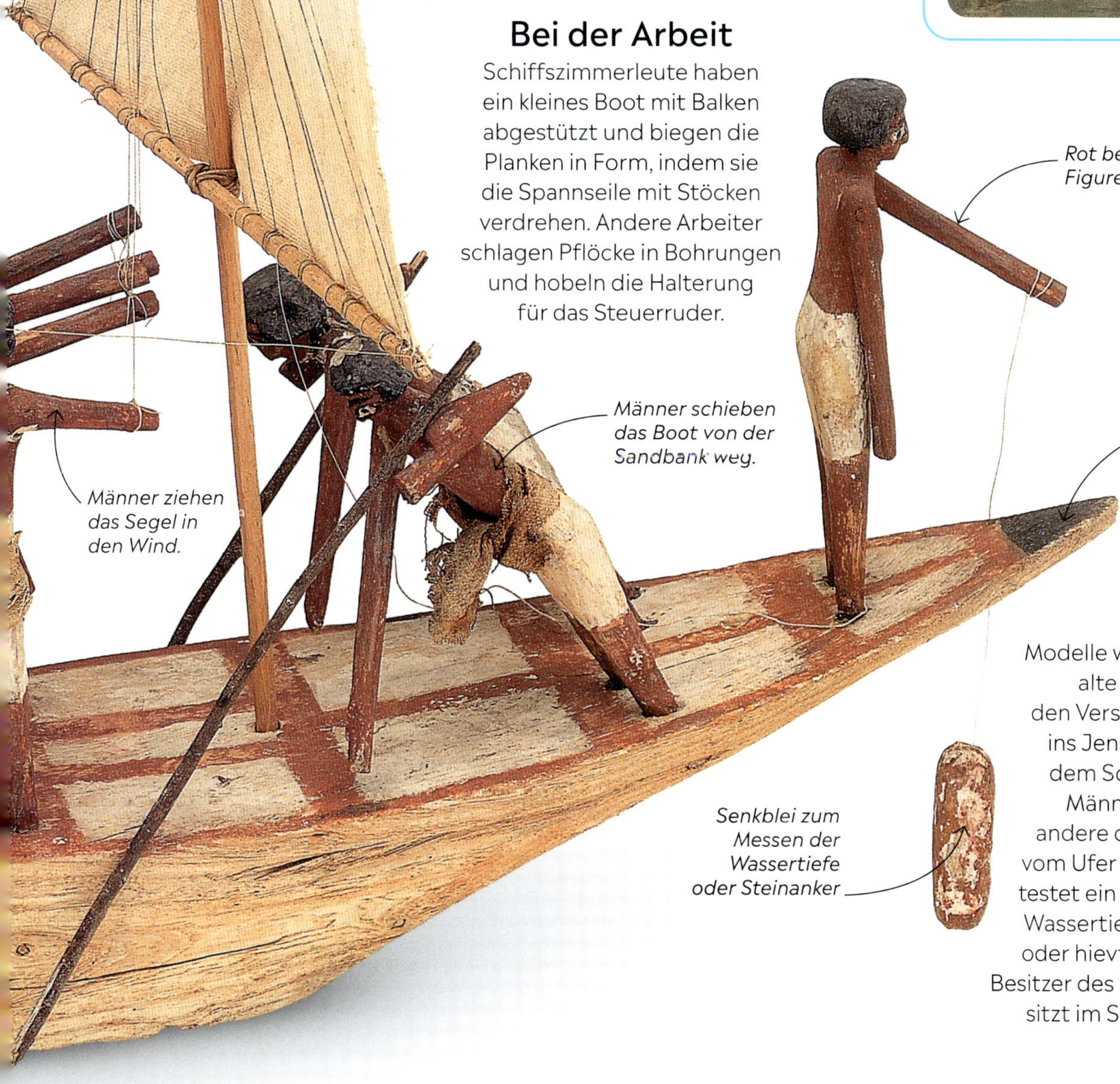

Totenbarke

Modelle wie dieses 4000 Jahre alte Totenschiff legte man den Verstorbenen für die Reise ins Jenseits in die Gräber. Auf dem Schiff befestigen einige Männer das Segel, während andere das Schiff mit Stangen vom Ufer wegschieben. Am Bug testet ein Matrose entweder die Wassertiefe mit einem Senkblei oder hievt einen Steinanker. Der Besitzer des Schiffes, Sobekhetepi, sitzt im Schatten des Vordachs.

Reger **Handel**

Das alte Ägypten war das reichste Land der antiken Welt. Man tauschte Getreide und Papyrus gegen Waren ein, die es in Ägypten nicht gab. Nachdem die Pharaonen die Goldminen in Nubien übernommen hatten, schickten sie Goldgeschenke an ausländische Herrscher und erhielten dafür luxuriöse Güter. Die ägyptischen Händler reisten in den Libanon und nach Syrien, um dort Zedernholz, Kiefernharz und Wein zu kaufen. Aus den Ländern im Süden kamen Tierhäute, Elfenbein, Ebenholz sowie Weihrauch und Myrrhe für die Tempel.

RÜCKBLICK

Der Schatzfund von Amarna
Im Jahr 1931 entdeckte ein Team von Archäologen unter der Leitung von John Pendlebury (unten) und der ägyptischen Familie Umbarak einen riesigen Gold- und Silberschatz in einem großen Topf, der vor über 3000 Jahren unter einem Haus in Amarna vergraben worden war. Unter dem unbearbeiteten Edelmetall befand sich eine winzige Silberfigur. Sollte sie den Schatz beschützen?

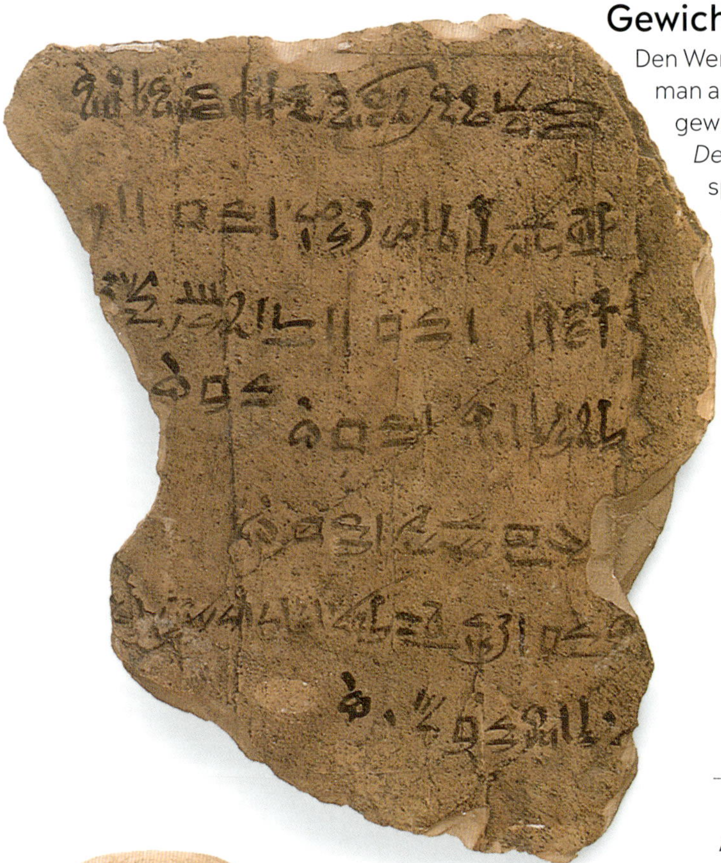

Gewicht und Wert

Den Wert von Waren ermittelte man anhand eines Standardgewichts aus Kupfer, dem *Deben*. Ein Bett war beispielsweise 2,5 *Deben* wert. Auf diesem Stein sind Waren aufgelistet, die ein Mann namens Amenwa verkauft hat.

Große Waage zum Abwiegen von Waren

Einer von 31 Weihrauchbäumen, die von Punt nach Ägypten transportiert wurden.

4 Deben

5 Kite

2 Kite

1 Kite

Gewichte

Ein *Deben* wog etwa 14 g. Später wurde er auf 91 g aufgewertet. Ein *Deben* bestand aus jeweils 10 *Kite*.

Löffel aus Elfenbein

Dieser Löffel mit dem geschnitzten Kopf der Göttin Hathor diente zur Aufbewahrung von Schminke. Die Ägypter stellten viele Luxusgegenstände aus Elfenbein her – aus den Zähnen von Nilpferden, die die Kraft der Göttin Taweret besitzen sollten, und aus Elefantenstoßzähnen aus Nubien.

Die Göttin Hathor hat die Ohren einer Kuh. Die Kuh ist auch ihr heiliges Tier.

Tonkrüge (Amphoren) mit Wein werden aus dem Boot eines hohen Beamten entladen.

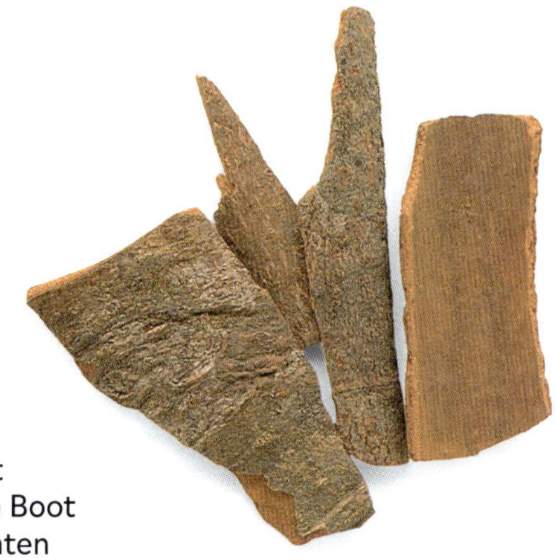

Kassiarinde

Die Rinde der Kassiapflanze riecht ähnlich wie Ceylon-Zimt. Die Ägypter verwendeten Kassia für die Herstellung von Parfüm und zum Räuchern.

ieser Stierkopf aus apislazuli steckt in einer Fassung aus Gold.

Lapislazuli

Der wertvolle blaue Stein stammt aus Afghanistan. Nach Ägypten gelangte er über Handelszentren wie Byblos im Libanon. Lapislazuli wurde auch für die Goldmaske des Tutanchamun verwendet.

Geschenke

Diese syrischen Prinzen bringen dem Pharao kostbare Geschenke, wie Goldvasen und Parfümflakons. Ein Prinz hat seine Tochter mitgebracht, die am Hof des Pharaos erzogen werden soll.

Weihrauchhandel
Aus Punt brachten Beamte und Kaufleute Weihrauch und Myrrhe. Sie transportierten aber nicht nur das Baumharz, sondern die ganzen Bäume und pflanzten sie vor dem Tempel der Hatschepsut ein.

Das Land Punt

Um in das geheimnisvolle Land Punt zu gelangen, musste man an der Küste des Roten Meeres nach Süden segeln und dann ins Landesinnere ziehen. Punt befand sich vermutlich dort, wo heute Somalia und der Jemen liegen. Schon um 2450 v. Chr. reisten Ägypter nach Punt. Die Pharaonin Hatschepsut sandte eine Expedition 1460 v. Chr. dorthin, wie auf den Wänden ihres Totentempels dargestellt ist.

Duftendes Harz
Weihrauch und Myrrhe sind duftende Gummiharze von Bäumen aus dem Jemen, aus Somalia und dem Sudan.

Werkzeuge

Ägyptischen Handwerkern standen die Hölzer aus dem Niltal zu Verfügung: Dattelpalme für Dachbalken, Akazie für Pflöcke und Dübel und Maulbeerfeige für Särge, Truhen und Tische. Das Holz der Zedern aus dem Libanon und Syrien war sehr geschätzt für den Schiffsbau und die Fertigung von Fahnenmasten für Tempel. Ebenholz wurde aus dem Süden Afrikas importiert, um Möbel herzustellen. Die ägyptischen Handwerker waren hervorragend ausgebildet und wurden oft gut bezahlt. Viele der Werkzeuge gibt es noch heute.

Feinste Schnitzkunst

Dieses kleine Kunstwerk zeigt die Mumie des Tutanchamun in allen Einzelheiten. Der Pharao trägt das königliche Kopftuch (Nemes). Links und rechts von ihm sitzen der Falkengott Horus und der Vogel Ba, der die Seele des Königs darstellt.

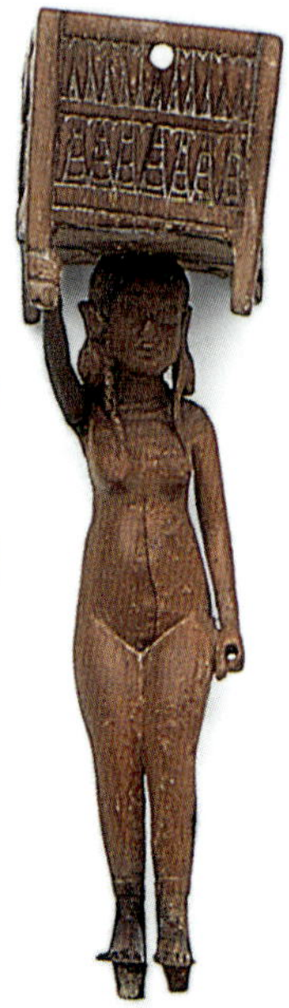

Figurine

Dieser kunstvolle Kosmetikbehälter ist aus Holz geschnitzt und hat die Form eine nubischen Dienst mädchens mit einer Truhe auf dem Kopf.

Säge

Im Gegensatz zu modernen Sägen, die durch das Holz geschoben und gezogen werden, zog man die ägyptischen Sägen nur durch das Holz. Grabszenen zeigen Tischler bei der Arbeit mit Sägen wie dieser.

Axt

Die Axt oder das Hackbeil steht als Hieroglyphe für das Wort „Zimmermann“. Äxte benutzte man zum Fällen von Bäumen und zum Holzhacken.

Dechsel

Dieses Werkzeug benutzte man zum Glätten von Holzflächen wie Bootsrümpfen und auch zum Bearbeiten von Truhen und Särgen.

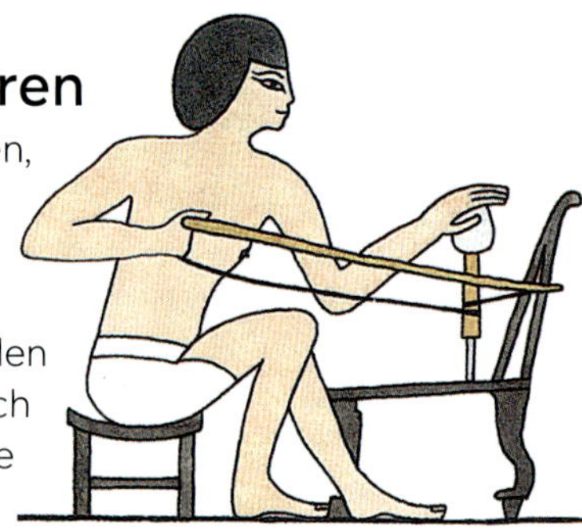

Beim Bohren

Um Löcher in Holz zu bohren, benutzte man einen Bohrer. Er bestand aus einer Metallspitze in einem Holzschaft (ganz rechts). Man platzierte den Bohrer dort, wo man das Loch haben wollte, und drehte die Schneide mit einem Bogen.

Kopfstütze

Ägypter schliefen mit dem Kopf auf einer Holzstütze, die man mit einem Kissen polstern konnte. Der Kopf lag so erhöht und war vor Insekten und Skorpionen geschützt. Diese Kopfstütze hat die Form eines Wüstenhasen.

Bei der Arbeit

Diese Zimmerleute bearbeiten eine hölzerne Figur mit einer Dechsel und zersägen Holzbretter. Die Szene aus der Zeit um 1350 v. Chr. stammt aus dem gemeinsamen Grab der beiden wohlhabenden Bildhauer Ipuki und Nebamun.

Bettpfosten mit Kobra

Möbelstücke wie Stühle, Betten und Truhen waren oft mit Tierdarstellungen geschmückt, und Stuhlbeine oder Bettpfosten konnten die Form von Löwentatzen oder Schlangenkörpern haben. Dieser Bettpfosten aus dem Grab von König Ramses IX. ist mit goldenen Beschlägen verziert, die Kobras zeigen.

Polierstein

Die rauen Stellen, die nach dem Schnitzen zurückblieben, wurden mit einem Kieselstein geglättet. Poliersteine benutzte man auch dazu, um Möbeln eine glänzende Oberfläche zu verleihen.

Meißel

Den Meißel verwendete man für kleinteilige Schnitzarbeiten und zum Schneiden von Hieroglyphen in Holzoberflächen.

Ahle

Mit einer Ahle wurden „Startlöcher“ gebohrt, damit der Bohrer greifen konnte. Außerdem markierte man damit, wo Löcher gebohrt werden sollten.

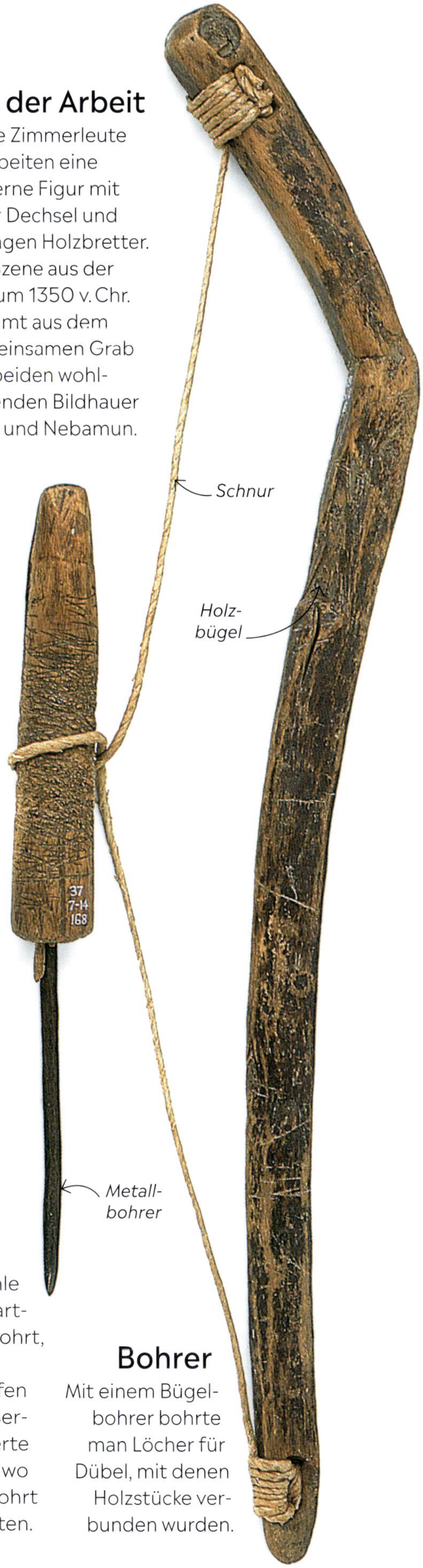

Bohrer

Mit einem Bügelbohrer bohrte man Löcher für Dübel, mit denen Holzstücke verbunden wurden.

Jagen und
Fischen

Meist bauten die Ägypter mehr Feldfrüchte an, als sie selbst zum Leben brauchten, sodass ein Teil davon verkauft wurde. Da sich ärmere Menschen Fleisch kaum leisten konnten, gingen sie auf die Jagd und zum Fischfang. Fische fing man in Netzen oder mit Haken, Vögel erlegte man mit dem Wurfstock oder mit Pfeil und Bogen. Für die Reichen war das Jagen ein Sport. Die königliche Familie zog in die Wüste, um Stiere, Löwen, Antilopen und Strauße zu jagen. Oft trieb man die Tiere in ein Gehege, wo sie der Pharao auf dem Streitwagen erlegte.

Nildpferde

Da Nilpferde zwischen den Booten auf dem Nil Chaos anrichteten und sogar kleine Häuser zerstören konnten, wenn sie an Land kamen, machte man Jagd auf Flusspferde. Man schwächte die Tiere so lange mit Harpunen, bis sie zusammenbrachen.

Abgeflachte Spitzen sollten die Haut der Tiere durchstechen und sie dadurch schwächen.

Scharfe Spitzen sollten Tiere töten.

Gespaltenes Ende für die Bogensehne

Pfeile

Ägyptische Pfeile waren aus Schilfrohr und hatten Spitzen aus Elfenbein, Knochen, Feuerstein, Obsidian oder Metall.

Haken

Mit diesen Kupfer-oder Bronzehaken angelte man Fische. Die Fische wurden ausgenommen und zum Haltbarmachen an der Sonne getrocknet oder in Salz eingelegt.

Jagdbeute aus der Wüste

In Jagdszenen werden oft Wüstenhasen gezeigt. Gejagt wurden in der Wüste vor allem Antilopen und Gazellen, aber auch Strauße, die Eier und Federn für Kronen und Fächer lieferten.

Mann mit Steinbock, der einen Hasen, Straußeneier und Federn trägt

In vielen Pharaonengräbern fand man Wurfstöcke.

Wurfstock

Solche hölzerne Wurfstöcke, die wie Bumerangs geformt sind, schleuderte man auf Vögel, um sie zu töten oder zu betäuben.

Ein Adliger auf der Jagd

Im 19. Jahrhundert gelangten Reste einer Wandmalerei aus dem Grab eines adligen Mannes namens Nebamun in das British Museum in London. Die Jagdszene zeigt Nebamun, wie er mit einem Wurfstock am Nil Vögel jagt. Seine Katze unterstützt ihn dabei. Untersuchungen des Katzenauges haben ergeben, dass es ursprünglich mit Blattgold vergoldet war.

Gewichte

Wie die Fischer heute verwendeten die Ägypter kleine Stein- oder Bleigewichte, um ihre Fischernetze unter Wasser zu halten.

Fischernetz

Netze aus Schilf und Papyrusschnur benutzte man, um Vögel und Fische zu fangen. Beim Fischfang hielten kleine Schwimmer aus Schilf die Netze in Position. Dieses Netz ist etwa 3000 Jahre alt.

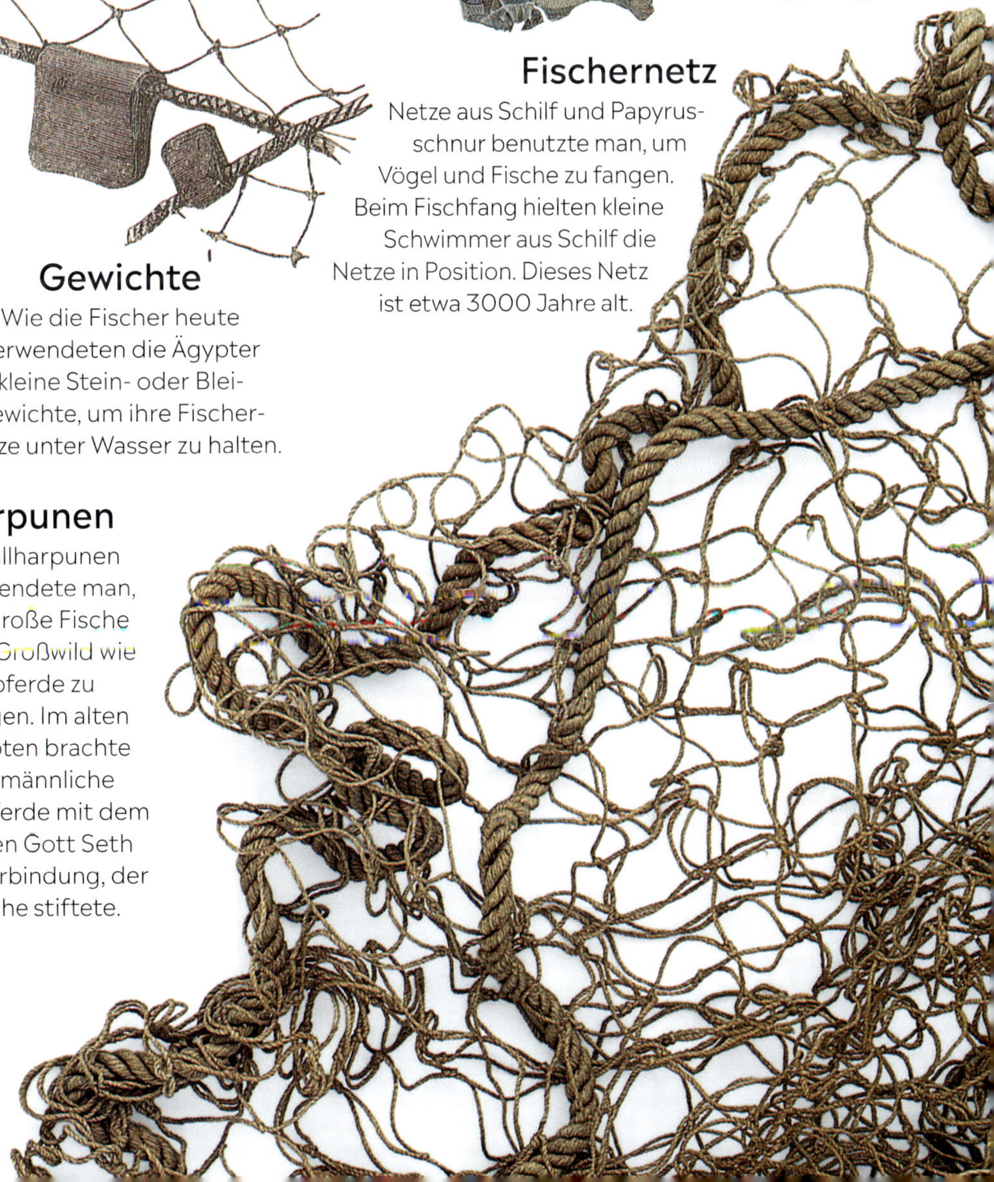

Harpunen

Metallharpunen verwendete man, um große Fische und Großwild wie Nildpferde zu erlegen. Im alten Ägypten brachte man männliche Nilpferde mit dem wilden Gott Seth in Verbindung, der Unruhe stiftete.

Zinke zum Befestigen eines Seils

Höflinge nutzten diese Art von Harpune bei der Jagd, um ihr Können zu testen.

Diese ägyptischen Stühle haben Beine, die in Löwenpranken enden.

Wohnen

Die frühesten Häuser im alten Ägypten waren aus Schilfrohr. Später erbaute man Häuser aus sonnengetrockneten Lehmziegeln. Der Lehm wurde dabei mit Sand und Stroh verstärkt und mit Lehmziegelformen aus Holz in Form gebracht. Die Wände der Häuser waren verputzt. Sie waren außen weiß gestrichen, innen in bunten Farben und oft mit Szenen aus der Natur bemalt. Kleine Fenster hielten die Hitze ab und sorgten für Kühle. In der Regel gab es eine Treppe zum Flachdach hinauf. Wohlhabende Familien bewohnten größere Häuser mit mehreren Zimmern, die von Gärten umgeben waren.

Flachdach

Opfergaben für die Verstorbenen

Haus für die Seele

Dieses Modell zeigt das Haus einer ärmeren Familie. Das Modell, ein „Seelenhaus“, wurde den Verstorbenen als Wohnung im Jenseits ins Grab gelegt. Ein niedriges, rundes Portal führt in das Haus. Im ummauerten Hof sind Nachbildungen von Lebensmitteln als Opfergaben aufgestellt.

Wohnkomfort

Dieses Haus gehörte dem königlichen Schreiber Nakht. Kleine Gitterfenster hielten Licht und Staub ab, und Lüftungsöffnungen fingen den kühlenden Wind ein. Es gab wohl auch einen Garten und ein Wasserbecken.

Becher, Krüge, Vasen, Töpfe

Zahlreiche Gefäße sind aus dem alten Ägypten erhalten. Zu den ältesten gehören die vor über 5000 Jahren aus gesprenkeltem Brekziengestein gemeißelten Gefäße. Später verwendete man ein Material namens Fayence, das durch das Erhitzen von Quarzpulver in einer Form hergestellt wurde. Einige Gefäße laufen nach unten kegelförmig zu. Man setzte sie auf spezielle Ständer.

Trichter für Wein
Dieser Weintrichter wurde um 1000 v. Chr. in Ägypten hergestellt. Er besteht aus blau glasierter Keramik, die Fayence genannt wird, und ahmt kegelförmige Vasen aus Kreta nach.

Weinpokal
Der schöne Becher aus Fayence hat die Form einer blauen Lotosblume und wurde zum Trinken von Wein verwendet.

Taubengefäß
Dieses Gefäß in Form einer Taube wurde vor über 5000 Jahren aus Brekziengestein gemeißelt. Es diente zur Aufbewahrung von Öl oder anderen Flüssigkeiten.

Wasserbassin

Wohlhabende Familien hatten oft ein Wasserbecken im Garten – mit Fischen und Lotosblumen. Das Wasser musste regelmäßig gewechselt werden, um frisch zu bleiben.

Beim Feuermachen

Ein Diener entfacht mit einem Fächer ein Holzkohlenfeuer. Feuer nutzte man nicht nur zum Kochen und als Wärmequelle, sondern auch zum Brennen von Töpferware und zum Schmelzen und Schmieden von Metallen.

Die Palmenfrucht schmeckt ein wenig nach Lebkuchen.

Fruchtkorb

Körbe wurden aus Palmblättern oder Papyrusstreifen geflochten. Man nutzte sie häufig als Haushaltsgefäße. Dieser Korb enthielt zwei Palmenfrüchte.

Essen und **Trinken**

Die Überschwemmungen des Nils lagerten fruchtbaren Schlamm ab, den die Bauern für den Anbau von Gerste und Emmer-Weizen nutzten. Daraus stellten sie Brot und Bier her. Auch Gemüse wie Lauch, Knoblauch, Salat und Zwiebeln sowie Datteln, Feigen und Melonen wuchsen üppig. Aus den Trauben bereitete man Wein oder Rosinen zu. Die Wohlhabenden aßen Gerichte aus Rindfleisch, Ente und Gans. Dazu gab es Wein und süße Kuchen. Ärmere Menschen ernährten sich vor allem von Gemüse, Brot und Gerstenbier.

Beim Schlachten
Das Modell zeigt drei Metzger, die gerade einen Stier schlachten.

Auf dem Fladenbrot ist noch der Handabdruck des Bäckers zu erkennen, der den Teig geknetet hat.

Brot
Dieses Brot aus Gerstenmehl ist über 3000 Jahre alt. Brot war oft zäh, und manchmal gerieten beim Mahlen auch Sand und Steinchen ins Mehl.

Bei der Weinlese
Männer pflücken Trauben für die Herstellung von Wein. Anschließend wurden die Trauben mit den Füßen zerquetscht und weiterverarbeitet.

Trinkrohr
Ägyptisches Bier wurde aus gestampftem Gerstenbrot gebraut. Es musste vor dem Trinken erst durch ein Metallsieb gegossen werden oder durch ein langes Trinkrohr mit einem Bleifilter am Ende, wie hier zu sehen.

Löcher zum Absehen

Trauben
Rote und weiße Trauben, aus deren vergorenem Saft man Wein herstellte, wuchsen vor allem im Norden Ägyptens.

Hier trinkt ein syrischer Soldat aus der Armee des Pharao Echnaton Gerstenbier durch ein Trinkrohr.

Ein Pavian bedient sich an den Feigen in einer Obstschale.

Köstliche Datteln

Während der Erntezeit im August wurden die Datteln frisch gegessen oder zu einem süßen Brei verarbeitet. Den Saft verwendete man auch zur Herstellung von Dattelwein.

EINBLICK

Gut essen und trinken

Die Archäobotanikerin und Ägyptologin Mennat-Allah El Dorry untersucht Überreste antiker Pflanzen. Sie möchte herausfinden, wie man im alten Ägypten Pflanzen für die Ernährung angebaut und sie zubereitet und gekocht hat. Außerdem erforscht sie die Herstellung von Wein.

Feigen von heute

Maulbeerfeigen

Die Früchte des Maulbeerfeigenbaums waren sehr beliebt. Auch Paviane und andere Affen lieben Feigen. Häufig werden sie dargestellt, wie sie Feigen aus Obstschalen fressen oder direkt von den Bäumen pflücken.

Palmenfrüchte

Diese Palmenfrüchte sind 3000 Jahre alt und wurden einem Verstorbenen als Nahrung für das Jenseits mit ins Grab gegeben.

Die Schale des Fruchtkerns ist bei den Palmenfrüchten so hart, dass man sie als Spitze für einen Bohrer verwenden könnte.

Ägyptisches Festmahl

Wie diese Darstellung eines Festessens zeigt, servierten reiche Ägypter eine große Auswahl an Fleisch, Geflügel, Wein und Obst. Zu den Speisen gehörten Kuchen und Fladenbrote, Körbe mit Feigen und Trauben, eine gebratene Gans und Tonkrüge mit edlem Wein.

Dieser große Granatapfel ist eine Züchtung aus der modernen Landwirtschaft.

Antiker Granatapfel

Granatäpfel

Ursprünglich stammt die Frucht aus dem Mittleren Osten. In Ägypten stellte man aus ihrer Schale vermutlich einen gelblichen Farbstoff her. Diese Keramikschale mit Granatäpfeln fand man als Beigabe in einem Grab.

Musik und **Tanz**

Im alten Ägypten liebte man Musik und Tanz. Bei Festen sorgten Gesang, der Klang von Flöten, Harfen und kastagnettenähnlichen Klappern sowie Tanz für Unterhaltung. Musik war auch ein Teil des täglichen Lebens: Die Bauern sangen bei der Feldarbeit und die Winzer bei der Weinherstellung. Auf Darstellungen von Festmahlen sind oft Menschen zu sehen, die Streich-, Blas-, Zupf- oder Schlaginstrumente spielen. Heute untersuchen Forschende, wie die Musik von damals geklungen haben könnte.

Singen und Tanzen

Dieser Ausschnitt aus einer Grabmalerei zeigt eine Gruppe von Musikerinnen, die ein Loblied auf die Nilflut anstimmen. Zwei Mädchen tanzen dazu.

Fünfsaitige Harfe

Harfen gab es in sehr unterschiedlichen Größen – manche waren so groß wie der Spieler selbst. Auch die Saitenanzahl variierte von vier bis zu mehr als 20. Diese Harfe wurde im Grab des königlichen Schreibers Ani und seiner Frau Tutu gefunden, die eine Sängerin des Gottes Amun war (S. 53).

Donnerschlag!

Zimbeln waren meist aus Bronze. Man benutzte sie, um den Rhythmus eines Musikstücks durch ein metallisches Klirren zu unterstreichen.

RÜCKBLICK

Alte Musik erklingt wieder

Iman Haddo spielt Semsemia, ein harfenähnliches Zupfinstrument, das im alten Ägypten entwickelt wurde und heute noch von einigen Instrumentenbauern hergestellt wird. Traditionell spielen Männer das Instrument. Iman gründete die erste weibliche Semsemia-Musikgruppe. Sie ist hier (vorn) mit ihrer Band Amwag („Wellen“) zu sehen.

Flöte

Die Flöte oder Pfeife ist eines der ältesten Instrumente überhaupt. Sie wurde meist aus Schilfrohr oder Holz angefertigt.

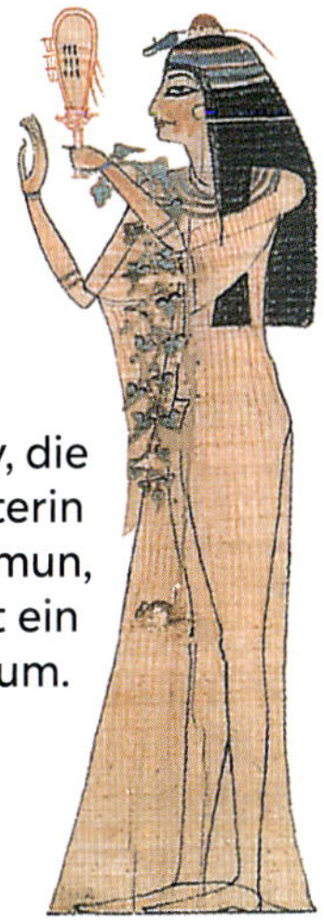

Anhay, die Priesterin des Amun, spielt ein Sistrum.

Klapper

Die beiden Knochenplättchen waren mit einer Schnur verbunden und wurden wie Kastagnetten in einer Hand gehalten.

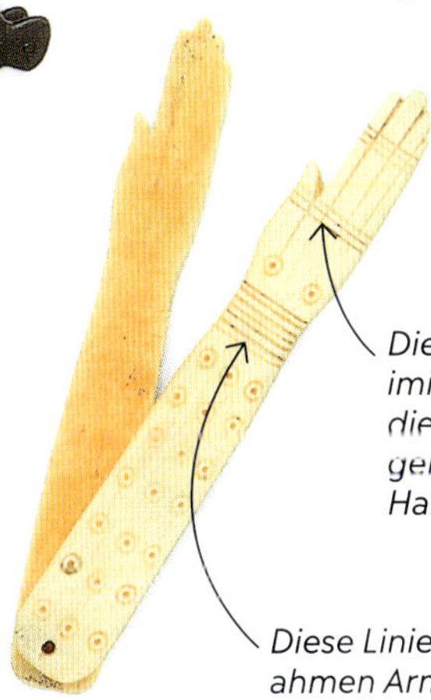

Heilige Rassel

Das Sistrum, die heilige Rassel, wurde bei den Zeremonien für Hathor von den Priesterinnen gespielt. Hathor war die Göttin der Freude, der Musik und des Tanzes.

Beim Harfenspiel

Dieses Holzmodell eines Mädchens, das Harfe spielt, lag als Beigabe in einem Grab und sollte im Jenseits für Musik sorgen. Im echten Leben stand die Harfe beim Spielen wahrscheinlich auf einem Ständer.

Musikerinnen spielen Harfe, Lyra, Doppelflöte und Leier, während ein junges Mädchen tanzt.

Spielzeug

Spielstein mit geschnitztem Löwenkopf

Die Kinder im alten Ägypten spielten mit Bällen, Puppen und Holzspielzeug wie Kinder heute. Beliebt waren auch Bockspringen, Tauziehen oder Knobelspiele. Erwachsene spielten in ihrer Freizeit Brettspiele wie „Hunde und Schakale“, das Schlangenspiel oder das kompliziertere Senet-Spiel. Die Menschen hörten sehr gern Abenteuergeschichten, Legenden über die Götter, Liebesgedichte und Geistergeschichten.

Bunte Bälle

Diese Bälle sind aus bemaltem Leinen und Schilfrohr hergestellt. Sie enthalten kleine Kieselsteine, die beim Werfen der Bälle rasseln.

Der Puppenkörper besteht aus einfarbigem Leinen.

Stoffpuppe

Das Püppchen aus Leinen und Wolle hat echtes menschliches Haar. Es wurde in einem Kindergrab in Hawara gefunden.

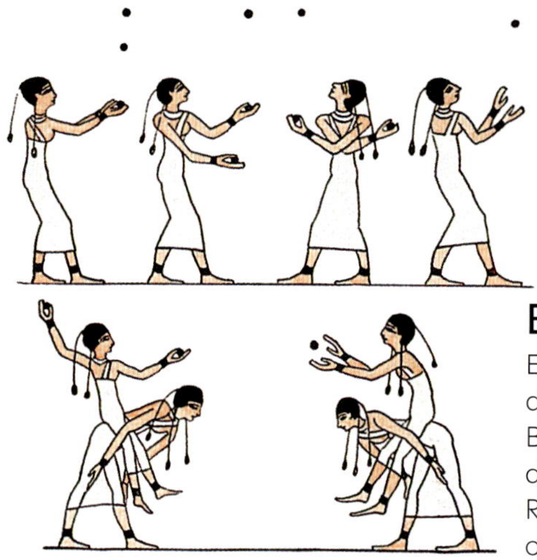

Ballspiele

Ein beliebter Zeitvertreib war das Werfen und Fangen von Bällen. Manchmal saß man dabei Huckepack auf dem Rücken eines Spielkameraden oder einer Spielkameradin.

Holzräder zum Bewegen des Pferdchens

Ein Pferd auf Rädern

Nur sehr reiche Ägypter besaßen Pferde – und Wagenrennen waren ein beliebter Zeitvertreib der Pharaonen. Dieses Holzpferdchen hat eine bunte Sattelmatte. Gezogen wurde es an einem Seil, das am Pferdemaul befestigt war.

Spielmaus

Der Schwanz der kleinen Maus lässt sich nach oben und unten bewegen.

Schnur zum Bewegen des Unterkiefers

Raubkatze

Dieses aus Holz geschnitzte Löwenkätzchen hat Zähne aus Bronze und sein Kiefer klappt zu, wenn man an der Schnur zieht.

Senet

In diesem Brettspiel geht es um den Kampf gegen die Mächte des Bösen, die versuchen zu verhindern, dass man das Jenseits erreicht. Man spielt zu zweit. Es gibt 30 Felder auf dem Spielbrett. Einige der Felder sind für die Spielsteine gefährlich, wenn sie darauf landen, andere bringen Glück.

Du bist am Zug!
Auf diesem Bild sieht man den Schreiber Ani beim Senet-Spielen mit seiner Frau Tutu. Der ägyptische Kunststil stellt Tutu so dar, als würde sie hinter ihrem Mann sitzen. Sie sitzt aber eigentlich neben ihm.

Ein Spiel für den König
Im Grab des Tutanchamun fand man vier Senet-Spielbretter, darunter diesen Spieltisch aus kostbarem Ebenholz und Elfenbein mit einer Extra-Schublade für die Spielsteine.

Kreisel

Die beiden Kreisel bestehen aus glasierter Keramik, der sogenannten Fayence. Ein kräftiges Drehen mit den Fingern oder ein Ziehen an einer Papyrusschnur, die man um einen Kreisel wickelt, setzt ihn in Bewegung.

Spielstein in Form eines Löwen

Hieroglyphe für den Pharao Hor-Aha

Murmel für das Schlangenspiel

Positionen auf dem steinernen Spielbrett

Schlangenspiel

Eines der ältesten Brettspiele Ägyptens ist das Schlangenspiel oder *Mehen*. Das Spielbrett stellt den aufgerollten Schlangengott Mehen dar. Ziel des Spiels ist es, mit seinen Spielsteinen als Erster bis zur Mitte zu ziehen. Es gibt zwölf Spielsteine – sechs in Löwenform geschnitzte Steine und sechs Murmeln mit den Namen der Pharaonen.

Kleider und **Frisuren**

Ab etwa 5000 v. Chr. bestand die Kleidung der Menschen in Ägypten aus Leinenstoffen, die aus den Fasern der Flachspflanze gewebt wurden. Die meisten Männer trugen eine Art Wickelrock, der bis zu den Knien reichte und in der Taille verknotet wurde. Die Frauen kleideten sich in lange, schlauchförmige Gewänder. Als Oberkleider dienten Männern und Frauen lange Tuniken mit einer Schärpe. Aus Leinen, das meist nicht gefärbt wurde, webte man Kopftücher, Schals, Unterkleider und sogar Socken. Wohlhabende Ägypter trugen manchmal Kleider aus gefärbtem Leinen oder schmückten ihre Gewänder mit goldenen Pailletten, Perlen und Stücken von Wandteppichen oder kostbaren Stickereien. Ägyptische Soldaten trugen über dem Gewand einen Lederschurz.

Ledersandalen

Diese kleinen Ledersandalen wurden von einem Kind aus einer wohlhabenden Familie getragen. Die meisten Menschen konnten sich nur einfache Sandalen aus Schilfrohr leisten.

Schilfsandalen

Papyrus und anderes Schilfrohr waren die am meisten verwendeten Materialien für Sandalen. Ägyptischen Priestern war es verboten, ein anderes Material als Schilf an ihren Füßen zu tragen.

EINBLICK

Perücken und Extensions
Die Ägyptologin Joann Fletcher ist auf antikes Haar spezialisiert. Sie hat das Haar von Mumien sowie Perücken und Haarverlängerungen aus menschlichem Haar untersucht, das mit einer Mischung aus Bienenwachs und Harz befestigt wurde. Das älteste bekannte Haarfärbemittel bestand aus den Blättern des Hennastrauchs.

Perücken

Die männlichen Höflinge auf dieser Wandszene haben aufwendige Frisuren und einige tragen Perücken. Der Mann in der Mitte jedoch trägt keine Perücke und ist offensichtlich am Vorderkopf kahl.

Kleiderpuppe des Königs

Dieses lebensgroße Holzmodell von König Tutanchamun trägt eine einfache Krone und eine Leinentunika. Vermutlich legte man die für den König bestimmte Kleidung und den Schmuck dieser hölzernen Puppe an.

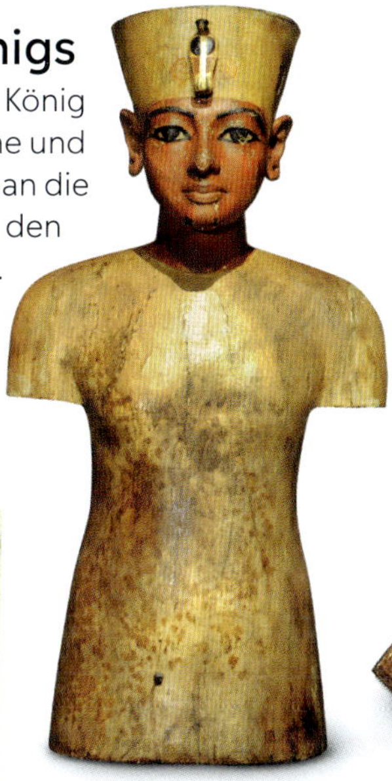

Faltenbrett

Mit diesem Brett legte man einen noch feuchten Leinenstoff in Falten, in dem man ihn in die Rillen drückte.

Flachs kämmen

Die Köpfe der Flachsstängel wurden mit einem solchen langen Kamm entfernt. Dann weichte man die Stängel ein, klopfte sie weich und kämmte sie erneut, bevor sie gesponnen wurden.

Leintuch

Das Angebot an ägyptischem Leinen reichte von grobem Tuch, wie diesem, bis zu hauchdünnen Leinengeweben für Könige und Königinnen.

Spindel

Flachsfasern wurden auf Stöcken, den sogenannten Spindeln, zu Fäden gesponnen. An der Spindel hing als Gewicht eine kleine Spinnwirtel aus Stein.

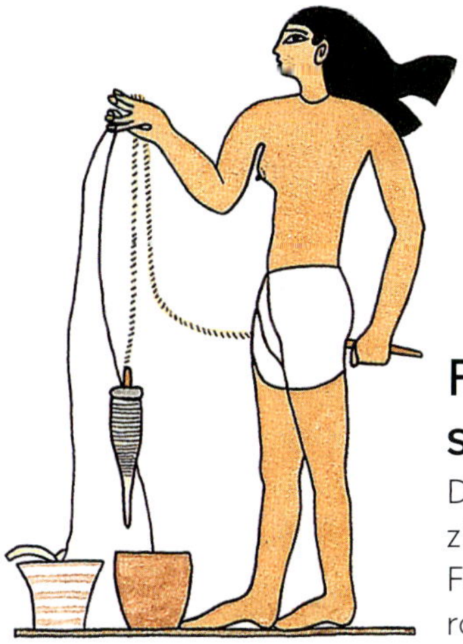

Flachs spinnen

Das Mädchen zieht die verdrillten Fasern von der rotierenden Spindel.

Alles, was **glänzt**

Ägypten hatte riesige Goldvorkommen in der östlichen Wüste und übernahm auch die Goldminen in Nubien, einem Land, das nach *Nub*, dem ägyptischen Wort für Gold, benannt ist. Goldschmiede bearbeiteten das Edelmetall entweder durch Walzen und Hämmern oder gossen es in Gussformen. Für die Schmuckherstellung verwendeten sie Halbedelsteine aus den Wüsten, wie Karneol, Feldspat oder Amethyst. Einige Steine kamen aus dem Ausland – Türkis aus dem Sinai und der blaue Lapislazuli aus Afghanistan.

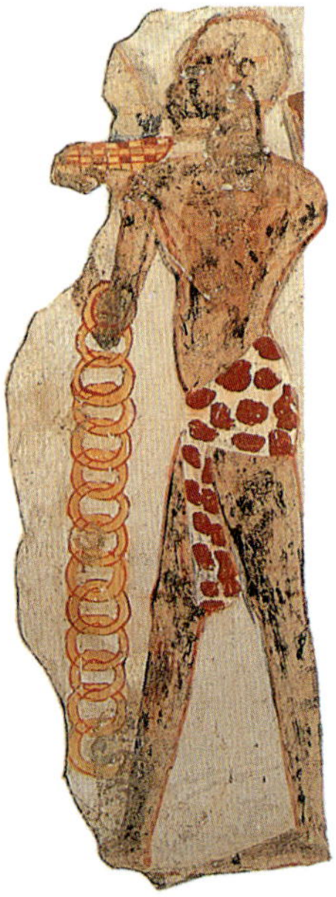

Gold aus Nubien wird nach Ägypten gebracht.

Armreif

Dieses Schmuckstück aus Gold und Lapislazuli wurde für Prinz Nemareth angefertigt. Zu sehen ist darauf der Gott Horus als Kind. Wie oft in der ägyptischen Kunst wird das Kind beim Fingernuckeln gezeigt.

Die Hieroglyphe gibt den Namen des Besitzers an.

Fisch-Amulette

Ägyptische Mädchen und junge Frauen trugen oft fischförmige Amulette im Haar.

Die goldene Kaurischnecke zeigt den Kinderwunsch der Trägerin.

Glücksbringer

Dieses Schmuckstück war ursprünglich ein Gürtel und wurde später zu einer Halskette umgearbeitet. Aufgereiht sind Glücksbringer aus Elektrum (Mischung aus Gold und Silber) und Perlen aus Karneol, Amethyst, Feldspat und Lapislazuli.

Goldener Stern

Dieser Goldstern wurde an einem Stirnband oder Diadem getragen. Er galt als Symbol des Gottes Serapis (ein anderer Name für Osiris). Seine Anhänger trugen dieses Zeichen.

Golddiadem

Ohrschmuck

Viele ägyptische Männer, Frauen und Kinder trugen Ohrschmuck. Die Löcher in den Ohrläppchen mussten allerdings recht groß gewesen sein, damit einige dieser Ohrstecker hindurchpassten.

Goldohrringe

Ohrstecker aus Fayence

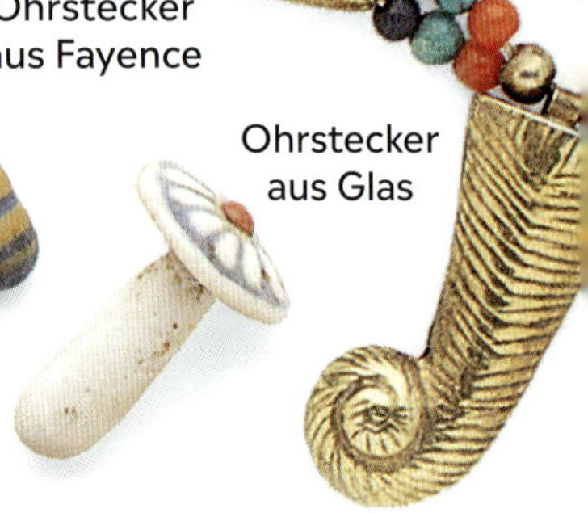

Ohrstecker aus Glas

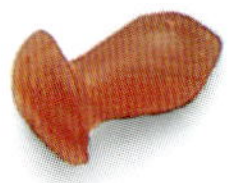

Ohrstecker aus Jaspis

Die Goldminen in Ägypten sind auf der ältesten Landkarte der Welt aus dem Jahr 1150 v. Chr. eingezeichnet.

Handwerker bei der Arbeit

Schmuckherstellung

Viele Schmuckstücke wurden hergestellt, in dem man Metalle erhitzte, bis sie flüssig wurden, und sie dann in Formen goss.

In Form gebogene Metallstreifen wurden auf die Metallform gelötet.

In seiner Kralle hält der Raubvogel den Shen-Ring als ein Zeichen für die Ewigkeit.

Reste der Einlagen aus Fayence, Glas und Edelsteinen

Falken-Pektorale

Diese Art von Schmuck trug man auf der Brust. Die Vertiefungen auf dem Falken aus Metall waren ursprünglich mit Fayence, Glas und Edelsteinen gefüllt.

Geschenk eines Königs

Dies ist eine goldene *Shebyu*-Halskette, die aus aneinandergereihten Goldringen besteht. Normalerweise schenkte der König diese Art von Ketten wichtigen Männern und Frauen am Hof. Diese Miniaturversion wurde für eine Götterstatue angefertigt.

Fingerringe

Ringe enthielten oft einen drehbaren Stein in Form eines Skarabäus (S. 24). Diese Skarabäen sind aus Steatit (Speckstein) gefertigt, der leicht zu schnitzen ist.

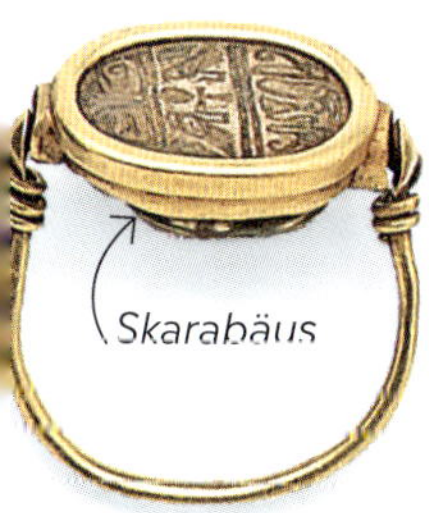

Skarabäus

Goldring mit Steatit

Goldring mit Steatit

Silberring

Fisch-Amulett

Bart oder „Seitenlocke“

Heh (Gott der Millionen von Jahren) steht für ein langes Leben.

Kinder und einige Priester trugen das Haar auf der Seite zu einem Zopf geflochten.

Für die **Schönheit**

Gutes Aussehen war den Ägyptern wichtig. Männer und Frauen trugen Perücken und Haarverlängerungen. Sie verwendeten Parfüm und Kosmetika, einschließlich Augenschminke aus Mineralien, die auf Paletten zerrieben wurden. Viele Schönheitsgeräte, wie Kämme, Spiegel, Kosmetikbehälter und Spatel zum Auftragen von Schminke, gibt es heute noch.

Schminkbehälter mit dem Namen Tutanchamun

Malachit

Pomade

Männer und Frauen werden manchmal mit Kegeln auf dem Kopf dargestellt. Das sollte zeigen, dass sie Haar und Haut mit Duftölen pflegten.

Schminktopf

Fein zerriebene Mineralien für Augenfarbe mischte man mit Wasser oder Öl und füllte sie in kleine Gefäße wie diese.

Behälter für Augenschminke aus türkisem Glas und Gold

Spatel

Zum Aufnehmen, Mischen und Auftragen von Schminke benutzte man Stäbchen mit einer flachen Schaufel.

Vom Feinsten

Dieser kunstvoll geschnitzte Kosmetikbehälter aus Elfenbein hat die Form einer Entenmutter. Die Flügel bilden den Deckel des Behälters und lassen sich zur Seite schieben.

Ente füttert ihre Küken mit Fisch.

Spiegel

Wohlhabende Ägypter leisteten sich Spiegel aus polierter Bronze oder Kupfer. Spiegel für die Könige waren manchmal aus Silber und Gold.

Spiegelnde Oberfläche aus poliertem Metall

Blei-glanz

Eisenoxid

Pigmente

Grüne Augenschminke stellte man aus Malachit, einem Kupfererz, her. Bleiglanz ergab schwarze Augenfarbe („Kajal"). Wangen und Lippen konnten mit Ocker aus Eisenmineralien gerötet werden. Um das Auftragen der Farben auf die Haut zu erleichtern, setzte man meist Wasser, Pflanzenöl oder gereinigtes Fett zu.

Schminkbox mit Blumen

Der Griff des Behälters soll einen Blumenstrauß darstellen. Der obere Teil lässt sich auf die Seite schwenken.

Aromamassage

Diese vornehme Dame wird von Bediensteten mit Wasser übergossen und massiert. Eine Freundin hält ihr eine duftende Blume an die Nase.

Pinzette

Haar-zange

Zwei Enden für unterschiedlich große Locken

Haarentfernung und Locken

Haare entfernte man mit Pinzetten und Rasiermessern, Locken legte man mit einer kleinen Haarzange.

Rasiermesser

Diese Art von Rasiermesser aus Bronze oder Kupfer war ziemlich unhandlich. Professionelle Barbiere benutzten sie jedoch äußerst geschickt.

Kamm aus Holz

Die Ägypter kämmten ihr Haar und ihre Perücken mit Kämmen aus Elfenbein und Holz. Perücken bestanden häufig aus mehreren Schichten von Zopfen und Locken.

Styling

Eine Hofdame kontrolliert im Spiegel ihr Aussehen und benutzt ein Tuch für ihr Gesicht.

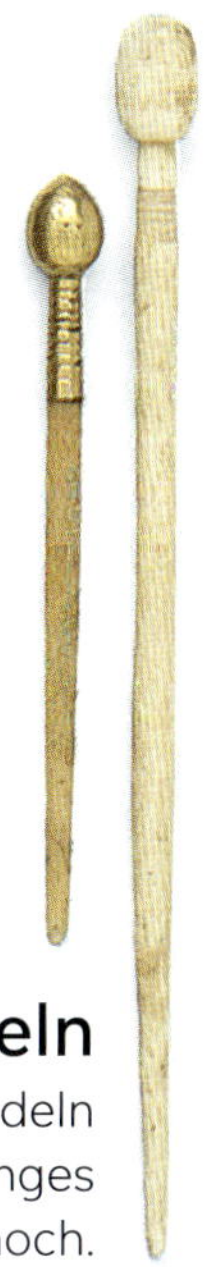

Haarnadeln

Mit den Nadeln steckte man langes Haar hoch.

Spaß beim Spiel

In dieser humorvollen Darstellung auf einem Papyrus vergnügen sich zwei Feinde – die Antilope und der Löwe – bei einem Senet-Spiel (S. 53). Rechts im Bild spielt ein Schakal auf einer Doppelflöte und bewacht eine Ziegenherde, während sich eine Katze liebevoll um Gänse kümmert.

Vögel und **Tiere**

Im alten Ägypten gab es eine Vielzahl von Tieren. Löwen, wilde Stiere und Gazellen durchstreiften die Wüsten. Vögel, wie Enten, Gänse und Ibisse, bauten Nester in den Papyruswäldern am Nil. Krokodile lauerten an den Flussufern auf Beute und im Wasser tummelten sich Nilpferde und zahlreiche Welse und Barsche. Tiere galten als die irdischen Vertreter vieler Götter. Daher erscheinen Tierbilder oft auf heiligen Gegenständen.

Die Krone des Osiris besteht aus Widderhörnern, einer Sonnenscheibe und Straußenfedern.

Wasserpflanzen weisen auf den Lebensraum der Nilpferde im Fluss hin.

Nilkrokodile

Das Krokodil war das Symbol des Gottes Sobek. Priester hielten heilige Krokodile in den Tempeln und schmückten sie mit Schmuck. Die Tiere wurden mumifiziert, wenn sie starben.

Nilpferde

Nilpferde stellten eine Gefahr dar, denn sie konnten Papyrusboote umkippen und kleine Häuser zerstören. Männliche Nilpferde galten daher als böse und waren mit dem Gott Seth verbunden. Weibliche Nilpferde dagegen brachte man mit der Göttin Taweret in Verbindung, die verehrt wurde, um das Haus zu beschützen, statt es zu zerstören.

Gänseparade

Diese Darstellung ist Teil einer frühen Grabmalerei. Gänse sollten dafür sorgen, dass die Nahrung im Jenseits nicht ausging.

Das Federkleid der Gänse ist mit besonderer Sorgfalt gemalt.

Löwe

Der Löwe steht für Stärke und Macht. Deshalb wurde er zu einem Symbol für den König.

Verehrte Katze

Hauskatzen waren im alten Ägypten beliebt und wohlhabende Leute ließen ihre Katzen nach deren Tod mumifizieren. In späteren Zeiten wurden in den Tempeln der Katzengöttin Bastet Katzen gehalten (S. 25). Auch diese Tiere mumifizierte man nach ihrem Tod. Man verkaufte die Mumien an Tempelbesucher, die sie Bastet als Opfergaben darbrachten.

Flakon in Fischform

Dieser kleine Barsch ist aus Glas angefertigt. Dabei wurde geschmolzenes Glas über einen Formkern gegossen. Die Wellen auf dem Fischkörper deuten die Schuppen an. Der Fisch-Flakon enthielt einst Parfüm.

EINBLICK

Das Innere von Tiermumien

Im Jahr 2015 untersuchte die britische Archäologin Lidija McKnight (unten) mit ihrem Team über 800 Tiermumien aus dem alten Ägypten mithilfe von Röntgenaufnahmen und CT-Scans. Dabei stellte sich heraus, dass viele der Mumien nur zum Teil erhalten waren und einige Hüllen sogar leer waren. McKnight glaubt, dass Tiermumien in Tempeln als Opfergaben dienten.

Die Krone besteht aus den Kuhhörnern, die eine Sonnenscheibe rahmen.

Kuh

Die Göttin Hathor wurde häufig als Kuh in den Papyruswäldern dargestellt.

Das Ende der **Pharaonenzeit**

In den letzten 1000 Jahren v. Chr. wurde Ägypten viele Male erobert – von Libyern, Nubiern, Assyrern, Persern und den mazedonischen Griechen unter Alexander dem Großen, zu dessen Dynastie der Ptolemäer die Pharaonin Kleopatra gehörte. Im Jahr 30 v. Chr. übernahmen die Römer Ägypten, und unter der Herrschaft der Araber verwandelte sich Ägypten ab dem 7. Jahrhundert n. Chr. in ein überwiegend islamisches Land.

Griechen und Römer

Die griechischen Ptolemäer und Römer verehrten ägyptische, griechische und römische Gottheiten und bauten viele Tempel. In Darstellungen auf Tempelwänden tragen sie ägyptische Kronen und Kleider (ganz links).

Mumie des Artemidorus

Griechische und römische Mumien
Auch nach der Zeit der Pharaonen mumifizierte man die Toten. Bei den Mumien der römischen Epoche legte man statt einer Maske oft ein lebensechtes Bildnis des Verstorbenen auf einer Holztafel auf das Gesicht. Artemidorus (oben) ist im typisch römischen Stil gemalt. Diese Bilder sollten dem Geist des Verstorbenen helfen, seinen Körper wiederzufinden.

Horus als römischer Soldat
Die sitzende Kalksteinfigur zeigt den ägyptischen Falkengott Horus in römischer Militärtracht.

Kleopatra VII.
Die berühmte Pharaonin Kleopatra war die letzte griechische Herrscherin in Ägypten. Sie erweiterte das Gebiet Ägyptens und widerstand 20 Jahre lang der römischen Eroberung.

Wandteppich mit der Darstellung des heiligen Georg

Kriegerischer Heiliger
Das Bild des ägyptischen Gottes Horus, der seinen Feind Seth aufspießt, wurde von den frühen Christen übernommen, um Soldatenheilige wie den heiligen Georg darzustellen.

Kreuz aus Eisen
Nachdem der Ort Qasr Ibrim in Nubien christlich geworden war, errichtete man dort eine große Kathedrale. Um das Jahr 1375 bestattete man in diesem Gotteshaus den Bischof mit diesem Eisenkreuz.

Christentum

Im 1. Jahrhundert n. Chr., als die Römer in Ägypten herrschten, soll der heilige Markus die erste christliche Kirche Ägyptens gegründet haben. Damals verehrten die Ägypter noch ihre alten Gottheiten. Dies änderte sich im Jahr 324 n. Chr., als das Römische Reich einschließlich Ägypten christlich wurde.

Islam

Im Jahr 640 n. Chr. eroberten arabische Armeen Ägypten. Der Islam wurde zur Staatsreligion, Arabisch die offizielle Sprache und die Stadt el-Qahira zur Hauptstadt Kairo. Später eroberten die Türken Ägypten. Danach wurde es von den Franzosen und Briten kontrolliert.

Einige der wiederverwendeten alten Steine tragen noch Hieroglyphen.

Straßenszene
Dieses Bild aus dem 19. Jahrhundert zeigt das mittelalterliche Kairo mit seinen Häusern, Geschäften und Moscheen. Manche dieser Gebäude wurden aus den Steinen alter Bauten errichtet.

Farbiges Glas und Golddesign

Moschee-Lampe
Diese Lampe aus vergoldetem blauem Glas ist mit Lotosblüten verziert. Sie wurde vor etwa 750 Jahren für den ägyptischen Herrscher Sultan Hasan hergestellt und diente als Moscheelampe. In Kairo gibt es mehr als 1000 Moscheen.

EINBLICK

Alte Bauten wiederherstellen
Omniya Abdel Barr ist Architektin und arbeitet an der Erhaltung historischer Bauten. Ihr Spezialgebiet ist die Erforschung und Wiederherstellung islamischer Architektur in der ägyptischen Hauptstadt Kairo. Sie hat viele islamische Kunstwerke aufgespürt, die verschwunden waren, wie Lampen aus der Mamluken-Moschee, und dabei geholfen, die Werke nach Ägypten zurückzubringen.

Wusstest **du das?**

SPANNENDE FAKTEN

Priester bei einem Bestattungsritual

Da der Tod und die Vorbereitungen auf das Leben nach dem Tod in Ägypten eine so bedeutende Rolle spielten, wissen wir heutzutage oft mehr über den Tod der Menschen als über ihr Alltagsleben.

Bei der Einbalsamierung entfernte man den Magen, die Eingeweide, die Lungen und die Leber, aber das Herz blieb im Körper des Verstorbenen. Man glaubte, das Herz enthalte ein Verzeichnung der Taten des Menschen und bestimme darüber, ob man ins Jenseits aufgenommen würde.

Die Ägypter glaubten, dass die Herzen und Seelen derjenigen, die nicht in das Jenseits gelangen, von Ammit, der Verschlingerin der Toten, gefressen würden.

Pharaonen hatten oft mehrere Ehefrauen, aber in der Regel trug nur eine von ihnen den Titel „Große königliche Gemahlin". Manche Pharaonen nannten auch ihre Schwestern, Töchter und Mütter „Große königliche Gemahlinnen", um den Anspruch ihrer Dynastie auf den Thron zu betonen.

Die ägyptischen Götter waren angeblich bärtig. Daher trugen Pharaonen – sogar die weiblichen Pharaonen – falsche Bärte als Symbol des Königtums.

Die Große Sphinx von Giseh war die meiste Zeit ihrer Geschichte von Flugsand bedeckt: Erst 1926 räumte man sie vollständig frei. Nun wird ihr steinerner Körper langsam durch die Luftverschmutzung zersetzt.

Die Sohlen der Sandalen der Pharaonen waren manchmal mit einer Zeichnung ihrer Feinde verziert, die bei jedem Schritt symbolisch mit Füßen getreten wurden.

Als 1922 das Grab von König Tutanchamun entdeckt wurde, waren Make-up, Kleidung und Schmuck im ägyptischen Stil plötzlich groß in Mode. Auch die Inneneinrichtung und Kunst wurden von Ägypten inspiriert.

Grabräuber waren manchmal dieselben Männer, die die Gräber ursprünglich auch gebaut hatten. Wurden sie gefasst, erlitten sie einen qualvollen Tod, aufgespießt auf einen scharfen Holzpfahl.

Um die Siedlungen am Nilufer verwalten zu können, führte man Hieroglyphen, eine Bilderschrift, ein. Neueste Ausgrabungen lassen vermuten, dass Hieroglyphen schon um 3250 v. Chr. in Gebrauch waren – sogar früher als die erste Schrift in Mesopotamien, der „Wiege der Zivilisation".

Die auffällige schwarze und grüne Augenschminke trugen sowohl Männer, Frauen wie Kinder. Man stellte sie aus gemahlenen Mineralien her, die mit Wasser oder Öl vermischt wurden. Man bewahrte die Schminke in kleinen Gefäßen auf.

Kleopatra war gebürtige makedonische Griechin. Sie war sehr gebildet und sprach sieben Sprachen fließend (darunter auch Ägyptisch). Für offizielle Dokumente verwendete Kleopatra meist Griechisch.

Der falsche Bart ist ein Zeichen des Königs.

Einer von Tutanchamuns drei mumienförmigen Särgen

FRAGEN UND ANTWORTEN

Woher wissen wir heute so viel über das alte Ägypten?

Die meisten Erkenntnisse liefern uns Wandmalereien und Reliefs, die zeigen, wie die Menschen aussahen, sich kleideten und welche Werkzeuge sie benutzten. Schriftliche Aufzeichnungen informieren uns über das tägliche Leben, die Religion und die Regierungsform. Aufschluss über das Leben der Menschen geben Alltagsgegenstände und Schmuck aus archäologischen Ausgrabungen. Immer mehr Einzelheiten kommen durch die Forschung ans Licht.

Warum gaben sich die Ägypter so viel Mühe, ihre Toten zu mumifizieren?

Man glaubte, die Seele der Verstorbenen würde ewig leben, wenn sie ihren Körper im Jenseits wiedererkennt und bewohnen kann. Daher wurden die toten Körper einbalsamiert und die inneren Organe in Gefäßen aufbewahrt. Das Herz, das man als Zentrum des Bewusstseins ansah, blieb im Körper, während das Gehirn entfernt wurde.

Gerät für die Mumifzierung

Wie war die Mumie des Tutanchamun in seinem Grab bestattet?

Die Mumie des Königs trug eine Maske und lag in einem Sarg, der von zwei weiteren ineinandergestapelten Holzsärgen umgeben war. Diese lagen wiederum in einem steinernen Sarkophag, den vier kastenförmige Schreine umhüllten. Alle Schreine waren vergoldet und verziert. Ein großes, mit vergoldeten Rosetten geschmücktes Leinentuch bedeckte sie.

Was versteht man unter dem Fluch des Tutanchamun?

Als das Grab des Tutanchamun 1922 entdeckt wurde, erfanden einige Leute unheimliche Berichte darüber, dass die Archäologen auch einen Fluch gefunden hätten. Dieser besage, dass „der Tod auf Flügeln zu demjenigen komme, der das Grab des Pharaos betritt". Tatsächlich starben innerhalb kurzer Zeit mehrere Menschen aus dem Archäologenteam, darunter auch Lord Carnarvon, der die Ausgrabungen finanzierte. Doch waren die Menschen, die gestorben waren, entweder schon vorher erkrankt oder schon älter. Außerdem arbeiteten sie unter Hochdruck in der extremen Hitze des Grabes.

Grabgemälde aus der Zeit um 1450 v. Chr. mit Arbeitern beim Herstellen von Lehmziegeln

Warum stand die Farbe Schwarz für das Leben?

Der fruchtbare Nilschlamm war fast schwarz. Daher sahen die Ägypter Schwarz als Farbe des Lebens an. Rot erinnerte an die Wüste und stand für Unglück.

Wie bezahlte man die luxuriösen Bauten?

Das alte Ägypten war sehr reich. Es verfügte über Goldvorkommen und Halbedelsteine.

REKORDE DER GESCHICHTE

DIE LÄNGSTE REGIERUNGSZEIT
Pharao Pepi II. (2278–2184 v. Chr.) kam bereits im Alter von sechs Jahren auf den Thron und regierte 94 Jahre lang.

DIE LÄNGSTE HOCHKULTUR
Die altägyptische Zivilisation dauerte über 3000 Jahre. In dieser Zeit blieb ihre Lebensart weitgehend unverändert.

DER ERSTE NATIONALSTAAT
Ägypten wurde 3100 v. Chr. von König Narmer (manchmal auch als Menes bezeichnet) gegründet und war der erste Nationalstaat der Welt.

DAS ERSTE LEBENSGROSSE BILDNIS
Als älteste Darstellung einer Person in Lebensgröße gilt eine Statue von König Djoser (2667–2648 v. Chr.). Die Statue (rechts) wurde in einer Kammer in seiner Pyramide entdeckt.

Außerdem produzierte die Landwirtschaft mehr, als das Volk zum Leben brauchte, und so konnte man den Überschuss ins Ausland verkaufen.

Welche Rolle spielten die Frauen in der altägyptischen Gesellschaft?

Frauen waren den Männern rechtlich gleichgestellt. Sie bekamen den gleichen Lohn, durften Eigentum besitzen, Geschäfte machen, Geld erben, sich scheiden lassen, in Gerichtssälen sitzen und sogar als Pharao regieren. Der letzte Pharao, der Ägypten regierte, war eine Frau – die legendäre Kleopatra.

Statue von König Djoser

Die **Pharaonen**

Im alten Ägypten datierte man Ereignisse auf ein bestimmtes Jahr in der Herrschaft eines Königs oder Pharaos. Starb ein Herrscher und ein neuer kam an die Macht, begann man wieder bei „Jahr 1". Die griechischen Herrscher Ägyptens ordneten die Pharaonenzeit in Dynastien (Familien). Dieses System hat bis heute Bestand.

Königin Nofretete

Frühdynastische Zeit

um 3100–2890 v. Chr. – 1. Dynastie

Narmer	3100
Aha	3100
Djer	3000
Djet	2980
Merneith*	2955
Den	2950
Anedjib	2925
Semerkhet	2900
Qaa	2890

um 2890–2686 v. Chr. – 2. Dynastie

Hetepsechemui	289
Raneb	286
Nynetjer	
Weneg	
Sened	
Peribsen	270
Chasechemui	268

genannt Amenhotep IV.
* weibliche Pharaonin
** genannt Thutmose
† genannt Amenophis
⁑ genannt Sesostris

Erste Zwischenzeit

um 2181–2125 v. Chr. – 7. und 8. Dynastie

Während dieser instabilen Phase in der ägyptischen Geschichte gibt es zahlreiche Könige auf Zeit. Die schwache Zentralherrschaft in Ägypten führt dazu, dass sich viele kleinere Königshäuser bilden.

um 2160–2055 v. Chr. – 9. und 10. Dynastie Herakleopolis

Kheti
Merykare
Ity

11. Dynastie (nur in Theben)

Antef I.	2125–2112
Antef II.	2112–2063
Antef III.	2063–2055

Mentuhotep II.

Mittleres Reich

um 2055–1985 v. Chr. – 11. Dynastie ganz Ägypten

Mentuhotep II.	2055–20
Mentuhotep III.	2004–19
Mentuhotep IV.	1992–19

Neues Reich

um 1550–1295 v. Chr. – 18. Dynastie

Ahmose	1550–1525
Amenhotep I. †	1525–1504
Thutmosis I.**	1504–1492
Thutmosis II.**	1492–1479
Thutmosis III.**	1479–1425
Hatschepsut*	1473–1458
Amenhotep II. †	1427–1400
Thutmosis IV.**	1400–1390
Amenhotep III. †	1390–1352
Echnaton #	1352–1336
Nofretete*	1338–1336
Tutanchamun	1336–1327
Eje	1327–1323
Haremhab	1323–1295

um 1295–1186 v. Chr. – 19. Dynastie

Ramses I.	1295–1294
Seti I.	1294–1279
Ramses II.	1279–1213
Merneptah	1213–1203
Amenmesse	1203–1200
Seti II.	1200–1194
Siptah	1194–1188
Tausret*	1188–1186

um 1186–1069 v. Chr. – 20. Dynastie

Sethnacht	1186–11
Ramses III.	1184–11
Ramses IV.	1153–11
Ramses V.	1147–11
Ramses VI.	1143–11
Ramses VII.	1136–11
Ramses VIII.	1129–11
Ramses IX.	1126–11
Ramses X.	1108–10
Ramses XI.	1099–10

Spätzeit

um 672–525 v. Chr. – 26. Dynastie

Necho I.	672–664
Psammetich I.	664–610
Necho II.	610–595
Psammetich II.	595–589
Apries	589–570
Ahmose II.	570–526
Psammetich III.	526–525

um 525–359 v. Chr. – 27. Dynastie (Erste Perserherrschaft)

Kambyses	525–522
Darius I.	522–486
Xerxes I.	486–465
Artaxerxes I.	465–424
Darius II.	424–405
Artaxerxes II.	405–359

um 404–380 v. Chr. – 28. Dynastie

Amyrtaios	404–399

29. Dynastie

Nepherites I.	399–393
Hakor	393–380
Nepherites II.	um 380

um 380–343 v. Chr. – 30. Dynastie

Nectanebo I.	380–3
Teos	362–3
Nectanebo II.	360–3

um 343–332 v. Chr. – Zweite Perserherrscha

Artaxerxes III.	343–33
Arses	338–33
Darius III.	336–33

Altes Reich

um 2686-2613 v. Chr.

3. Dynastie

Sanacht	2686-2667
Djoser	2667-2648
Sechemchet	2648-2640
Chaba	2640-2637
Huni	2637-2613

um 2613-2494 v. Chr.

4. Dynastie

Sneferu	2613-2589
Khufu	2589-2566
Radjedef	2566-2558
Chepren	2558-2532
Menkaure	2532-2503
Chentkaus I.*	2503
Schepseskaf	2503-2494

Pyramiden von Giseh

um 2494-2345 v. Chr.

5. Dynastie

Userkaf	2494-2487
Sahure	2487-2475
Neferirkara	2475-2455
Schepseskare	2455-2448
Raneferef	2448-2445
Niuserre	2445-2421
Menkauhor	2421-2414
Djedkara	2414-2375
Unas	2375-2345

um 2345-2181 v. Chr.

6. Dynastie

Teti	2345-2323
Userkara	2323-2321
Pepi I.	2321-2287
Merenre	2287-2278
Pepi II.	2278-2184
Nemtyemsaf	2184
Nitokris	2184-2181

um 1985-1795 v. Chr.

12. Dynastie

Amenemhet I.	1985-1955
Senusret I. ⁜	1965-1920
Amenemhet II.	1922-1878
Senusret II. ⁜	1880-1874
Senusret III. ⁜	1874-1855
Amenemhet III.	1855-1808
Amenemhet IV.	1808-1799
Nofrusobek*	1799-1795

Überschneidungen bei den Jahreszahlen deuten auf Mitregenten hin.

um 1795-1650 v. Chr.

13. Dynastie

795 - um 1725 v. Chr.

14. Dynastie

1750 -1650 v. Chr.

In der 13. Dynastie regieren noch weitere, unbedeutende Könige.

Zweite Zwischenzeit

um 1650-1550 v. Chr.

15. Dynastie

Salitis	
Chajan	1600
Apopi	1555
Khamudi	

16. Dynastie

1650 -1550 v. Chr.

Zeitgleich mit der 15. Dynastie gibt es kleinere Königreiche der Hyksos.

um 1650-1550 v. Chr.

17. Dynastie

Neben den Pharaonen der 15. und 16. Dynastie regierten mehrere Könige von Theben aus, darunter die folgenden:

Antef	
Taa I.	
Seqenenre Taa II.	um 1560
Kamose	1555-1550

Dritte Zwischenzeit

um 1069-945 v. Chr.

21. Dynastie

Smendes	1069-1043
Amenemnisu	1043-1039
Psusennes I.	1039-991
Amenemope	993-984
Osorkon der Ältere	984-978
Siamun	978-959
Psusennes II.	959-945

um 945-715 v. Chr.

22. Dynastie

Scheschonq I.	945-924
Osorkon I.	924-889
Scheschonq II.	um 890
Takelot I.	889-874
Osorkon II.	874-850
Takelot II.	850-825
Scheschonq III.	825-773
Pami	773-767
Scheschonq V.	767-730
Osorkon IV.	730-715

um 818-715 v. Chr.

23. Dynastie

Mehrere Herrscherfamilien mit Sitz in Herakleopolis Magna, Hermopolis Magna, Leontopolis und Tanis, darunter:

Pedubastis I.	818-793
Scheschonq IV.	um 780
Osorkon III.	777-749

24. Dynastie

Bakenrenef	727-715

Spätzeit

um 747-656 v. Chr.

25. Dynastie

Pije	747-716
Schabaka	716-702
Schebitko	702-690
Taharqo	690-664
Tanutamani	664-656

Sphinx aus Elfenbein

Ptolemäerzeit

um 332-305 v. Chr.

Makedonische Dynastie

Alexander der Große	332-323
Philip Arrhidaeus	323-317
Alexander IV.	317-305

Goldmünze aus der Zeit des Philip Arrhidaios

um 305-116 v. Chr.

Ptolemäische Dynastie

Ptolemaios I.	305-285
Ptolemaios II.	285-246
Arsinoë II.*	275-268
Ptolemaios III.	246-221
Berenike II.*	246-221
Ptolemaios IV.	221-205
Ptolemaios V.	205-180
Kleopatra I.*	194-176
Ptolemaios VI.	180-145
Kleopatra II.*	176-116
Ptolemaios VII.	145

um 170-55 v. Chr.

Ptolemäische Dynastie

Ptolemaios VIII.	170-116
Kleopatra III.*	142-101
Ptolemaios IX.	116-107
Ptolemaios X.	107-88
Berenike III.*	101-80
Ptolemaios XI.	88-80
Ptolemaios XI.	80
Ptolemaios XII.	80-58
Kleopatra V.*	58-57
Berenike IV.*	58-55

um 55-30 v. Chr.

Ptolemäische Dynastie

Ptolemaios XII.	55-51
Cleopatra VII.*	51-30
Ptolemaios XIII.	51-47
Ptolemaios XIV.	47-44
Ptolemaios XV.	44-30

Überschneidungen bei den Jahreszahlen deuten auf Mitregenten hin.

Im Jahr 30 v. Chr. wird Ägypten römische Provinz.

Mehr **erfahren**

Willst du die Geheimnisse Ägyptens weiter erforschen, dann schau mal im Internet auf der Kinder-Suchmaschine Blinde Kuh (www.blinde-kuh.de). Unter dem Stichwort „altes Ägypten“ findest du noch mehr Informationen, Links zu Museen, ein Quiz und einen Hieroglyphenkurs. Die größte ägyptische Sammlung der Welt befindet sich in Ägyptens Hauptstadt Kairo. Ein großer Teil der über 250 000 Objekte ist dort im alten Ägyptischen Museum untergebracht. Im Großen Ägyptischen Museum in Giseh ist das Grab des Pharaos Tutanchamun zu sehen.

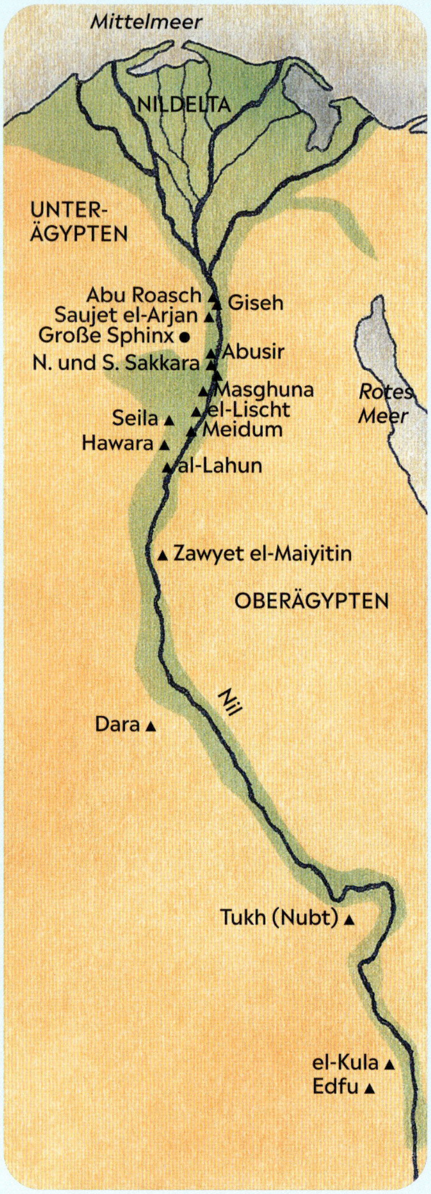

Karte mit den wichtigsten Pyramidenstätten in Ägypten

Ägyptisches Museum

Das alte Ägyptische Museum in Kairo sieht nicht besonders groß aus, aber Tausende von Ausstellungsstücken sind hier zu sehen, und viele werden im Depot gelagert. Das 1902 eröffnete Museum wurde speziell für die ägyptische Sammlung gebaut.

Symbole Geier und Kobra

Besuch eines Tempels

Der Dendur-Tempel, der Isis und Osiris geweiht ist, wurde während der Herrschaft des römischen Kaisers Augustus um 15 v. Chr. erbaut. Im Jahr 1965 schenkte Ägypten den Tempel der amerikanischen Regierung, die ihn seit 1978 im Metropolitan Museum of Art in New York ausstellt.

Gold-ringe

Goldener Stern von einem Diadem (Stirnband)

Teil einer Halskette mit verschiedenen Glücksbringern

Amulett in Fischform

Anubis, der Gott mit dem Schakalkopf

Anubis-Maske aus dem Royal Pump Room Museum in der englischen Stadt Harrogate

Edler Schmuck

Altägyptischer Schmuck aus Gold und Halbedelsteinen ist äußerst fein verarbeitet. In vielen Museen auf der ganzen Welt sind atemberaubende Schmuckstücke zu sehen.

Der Königssarg

Tutanchamuns Mumie wurde in drei goldene ineinandergestellte Särge gelegt. Der innere Sarg war aus Gold gefertigt, der mittlere Sarg aus vergoldetem Holz, in das farbiges Glas und glasierte Fayencestücke eingelegt waren.

Krummstab und Dreschflegel

Ägypten in Amerika

In der amerikanischen Stadt Las Vegas gibt es das Hotel Luxor mit künstlichem Nil, Virtual-Reality-Kulissen und Plastikpalmen (oben). Es ist pyramidenförmig gebaut, 30 Etagen hoch und wird von einer Sphinx bewacht.

INTERNETADRESSEN

- Hier lernst du noch mehr über die Gottheiten, Mumien, Tempel, Pyramiden und Hieroglyphen im alten Ägypten: **www.blinde-kuh.de/bksearch.cgi?smart=0&query=altes+%E4gypten**
- Was die Ägypter schon über die Sterne wussten, findest du hier: **www.palkan.de/aegypten_astro.htm**
- Hier erfährst du mehr über Hieroglyphen: **www.planet-wissen.de/geschichte/antike/hieroglyphen/index.html**
- Und hier kannst du Hieroglyphen lesen lernen: **www.hieroglyphen.de/hiero_kons1.shtml**
- Übersicht über alle Pharaonen: **www.aegypteninfo.de/pharaonen.htm**

Kostbares Objekt

Diese Maske aus der Zeit um 700 v. Chr. befand sich an einem der Särge im Grab des Pakherenkhonsu in Theben (Luxor). Heute ist sie in New York im Metropolitan Museum of Art ausgestellt.

BESUCHE DOCH MAL …

NEUES MUSEUM (BERLIN)
Im Neuen Museum sind das Ägyptische Museum, die Papyrussammlung sowie das Museum für Vor- und Frühgeschichte untergebracht. Sehenswert:
- die Büste der Nofretete, eines der wertvollsten Werke ägyptischer Kunst
- Kunstschätze der Amarna-Kunst

ÄGYPTISCHES MUSEUM (MÜNCHEN)
Das Museum bietet einen Überblick über 5000 Jahre Kunst und Kultur des alten Ägypten. In den Ferien gibt es spezielle Kinderprogramme. Wichtige Werke:
- der Kelch mit der Namensaufschrift Thutmosis III., das älteste sicher zu datierende Gefäß aus Glas
- die Statue einer Stadtgöttin aus der ägyptischen Frühzeit, eine der ältesten Darstellungen aus Ägypten

KUNSTHISTORISCHES MUSEUM (WIEN)
Das Museum hat eine der größten Sammlungen ägyptischer Kunst. Zu den berühmtesten Werken gehören:
- die Kultkammer des ägyptischen Beamten Ka-Ni-Nisut
- Sarkophage, Mensch- und Tiermumien

BRITISH MUSEUM (LONDON)
Das Museum besitzt die umfassendste Sammlung ägyptischer Kunst außerhalb von Kairo, darunter:
- der Stein von Rosetta, der die Entschlüsselung der Hieroglyphen ermöglichte
- Monumentalskulpturen, einschließlich einer Statue von Ramses II.
- Mumien und Särge

LOUVRE (PARIS)
Das Museum hat insgesamt 50 000 ägyptische Exponate, von denen ganze 5000 ausgestellt sind, z. B.:
- die Skulptur eines sitzenden Schreibers (um 2500 v. Chr.)
- ein 5000 Jahre alter Dolch
- die Krypta der Sphinx

Glossar

Altes Ägypten Die Zeit zwischen 3100 v. Chr. und 30 v. Chr., in der Pharaonen Ägypten regierten.

Amulett Gegenstand, der Glück bringen und Böses abwehren soll.

Anch Symbol des Lebens, das ursprünglich nur Gottheiten und Könige trugen.

Archäologie Erforschung der Geschichte durch Grabungen und die wissenschaftliche Untersuchung der Funde.

Ba Seele eines Verstorbenen, die nach dem Tod weiterlebt. Dargestellt wird sie durch einen Vogel mit dem Kopf des Verstorbenen (*siehe auch* Ka).

Brekzie Geflecktes Gestein aus kantigen, gebrochenen Steinen, die mit feinem Kalkstein zusammengekittet sind.

Dechsel Werkzeug zum Hobeln von Holz.

Delta Mündungsgebiet eines Flusses, in dem sich die angeschwemmte Erde in Form eines Dreiecks ablagert hat.

Demotische Schrift Eine Schnellschrift auf Grundlage der hieratischen Schrift (*siehe auch* Hieratische Schrift *und* Hieroglyphen).

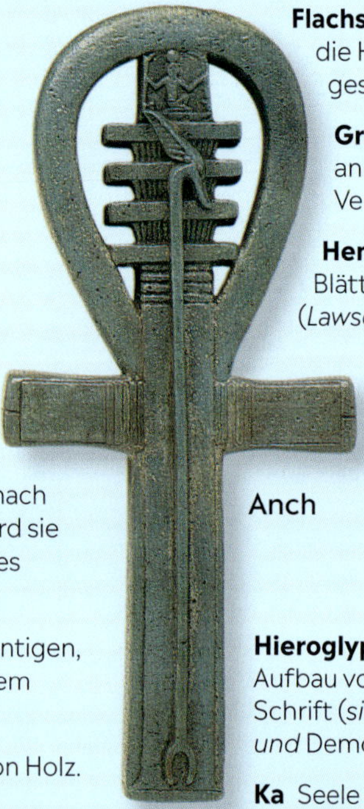

Anch

Flachs Pflanze, deren Fasern für die Herstellung von Leinenstoffen gesponnen und verwebt werden.

Grab Ein Denkmal oder ein Ort, an dem der Leichnam eines Verstorbenen bestattet wird.

Henna Getrocknete, zermahlene Blätter eines tropischen Strauchs (*Lawsonia inermis*), den man schon um 3400 v. Chr. zum Färben von Haaren, Haut und Nägeln verwendete.

Hieratische Schrift Kurzversion der Hieroglyphenschrift (*siehe auch* Hieroglyphen *und* Demotische Schrift).

Hieroglyphen Eine Art Bildschrift zum Aufbau von Wörtern in altägyptischer Schrift (*siehe auch* Hieratische Schrift *und* Demotische Schrift)

Ka Seele eines Verstorbenen, von der man glaubte, dass sie nach dem Tod weiterlebt und Speisen und Getränke als Opfergaben benötigt (*siehe auch* Ba).

Kanope Gefäß zur Aufbewahrung der inneren Organe eines Verstorbenen, dessen Körper mumifiziert wurde.

Kartusche Ovaler Rand, der die Hieroglyphe für den Namen eines Königs, einer Königin oder manchmal auch einer Gottheit rahmt.

Henna

Kassia Die Rinde der Kassiapflanze hat ein zimtähnliches Aroma. Sie wurde getrocknet und in Parfüm verarbeitet oder zum Räuchern verwendet.

Kohl Aus dem zerkleinerten Mineral Bleiglanz, das mit Wasser oder Öl vermischt wurde, stellte man das schwarze Augen-Make-up her, das Männer, Frauen und Kinder im alten Ägypten trugen.

Krummstab Königliches Symbol in Form eines hakenförmigen Hirtenstabs (*siehe auch* Dreschflegel).

Lapislazuli Hellblauer Halbedelstein, der für Schmuck und Kunstwerke verwendet wird.

Lotos Anderer Name für die Seerose, deren Blütenform in der ägyptischen Kunst weit verbreitet war.

Mumie Toter Körper, der entweder auf natürliche Weise oder durch künstliche Mittel (*siehe auch* Einbalsamierung) vor dem Verfall bewahrt wurde.

Kanopen

Dreschflegel Zeichen für die Macht des Pharaos. Es hat die Form eines Werkzeugs, das man zum Dreschen von Getreide benutzt und das die Fruchtbarkeit des Landes Ägypten symbolisiert (*siehe auch* Krummstab).

Dynastie Abfolge von Herrschenden aus verwandten Familien.

Einbalsamierung Leichname werden mithilfe von Harzen, Natron, Ölen und Wachs vor dem Verwesen geschützt und haltbar gemacht.

Finial Dekoratives Symbol oder Knauf auf einer Fahnenstange (Standarte).

Statue aus Karnak mit den Symbolen der Macht

Lotosblüte

Natron Natürlich vorkommendes Salz. Man verwendete es im alten Ägypten bei der Einbalsamierung, um einen Leichnam auszutrocknen und haltbar zu machen, bevor er in Leinenstreifen eingewickelt wurde.

Nemes Spezielles gestreiftes Kopftuch, das von ägyptischen Königen getragen wurde.

Nilkatarakte Sechs Stellen zwischen Khartum und Assuan, in denen der Nil seicht ist und sich Stromschnellen bilden.

Obelisk Spitz zulaufende Steinsäule mit quadratischer oder rechteckiger Grundfläche.

Palette Schieferplatte, auf der Farbpigmente zerrieben und dann mit Wasser oder Öl gemischt wurden, um Make-up oder Farbe zum Malen und Schreiben herzustellen.

Dieser ägyptische Obelisk aus Luxor steht heute in Paris.

Papyrus Großes Schilfrohr am Flussufer, dessen Stängel zur Herstellung von Körben, Sandalen, Booten, Seilen und papierähnlichen Blättern oder Schriftrollen verwendet wurde. Papyrus war das wichtigste Material zum Schreiben im alten Ägypten.

Pektorale Großer Anhänger oder Schmuckstück, das auf der Brust getragen wurde. Oft ist es mit Glas oder Halbedelsteinen besetzt.

Pharao Titel der Herrscher im alten Ägypten. Das Wort Pharao bedeutet so viel wie „großes Haus" und bezog sich ursprünglich auf den Palast des Königs.

Pyramide Massives Bauwerk aus Stein mit einer quadratischen Grundfläche und abgeschrägten Seiten. Pyramiden wurden meist als Grabmonumente für die Könige und Königinnen gebaut oder als Denkmal für einen Herrscher.

Räucherwerk Darunter versteht man Baumharze, getrocknete Gewürze, Holz oder Rinde, die verbrannt werden, um einen duftenden Rauch zu erzeugen. Die Ägypter verwendeten vor allem Weihrauchharz bei religiösen Ritualen und zur Reinigung der Luft im Tempel, im Haus und auch während der Mumifizierung der Verstorbenen.

Regent/Regentin Die wichtigste Person in Ägypten neben dem aktuell herrschenden Pharao oder König, die für einen noch sehr jungen Pharao regiert. In der Regel war dies die Mutter oder eine nahestehende Person.

Sarkophag Oft aufwendig gestalteter, massiver Steinsarg.

Schärpe Gürtel, der oft mit Edelsteinen, Muscheln, Silber und Gold verziert ist.

Schlangenspiel Ägyptisches Spiel, auch als *Mehen* bekannt, mit Spielsteinen und einem runden steinernen Spielbrett, das eine eingerollte Schlange darstellt.

Schreiber Regierungsbeamter, der im Gegensatz zu den meisten Menschen der damaligen Zeit lesen und schreiben konnte.

Schrein Behälter zur Aufbewahrung der Statue einer Gottheit in einem Tempel.

Seelenhaus Miniaturmodell eines Hauses, das zusammen mit dem Verstorbenen bestattet wurde, um seiner Seele im Jenseits eine Wohnung zu geben.

Seitenlocke Kinder und einige Priester trugen auf einer Seite des Kopfes einen Zopf.

Senet Ägyptisches Brettspiel, in dem es um den Kampf zwischen Gut und Böse geht.

Shaduf Gerüst mit einem Eimer und einem Gegengewicht zum Schöpfen von Nilwasser, um die Bewässerungskanäle zu befüllen.

Sichel Gebogenes Werkzeug aus Metall zum Schneiden und Ernten von Getreide.

Sistrum Rassel, die Priesterinnen bei religiösen Zeremonien trugen und spielten.

Situla Gefäß, das heiliges Wasser für den Tempel enthielt.

Skarabäus Heiliger Mistkäfer, der den Sonnengott Chepre symbolisiert.

Sphinx Im alten Ägypten hatte die Sphinx einen Löwenkörper und einen menschlichen Kopf. Sie stellte meist den König oder die Königin dar. Man glaubte, Sphinxen oder Löwen würden den Ein- und Ausgang zur Unterwelt am östlichen und westlichen Horizont bewachen.

Udschat Schutzsymbol, das das Auge des Horus darstellt.

Unterwelt Wohnstätte der Toten, die tief unter der Erde liegen soll.

Uräusschlange Könige und Königinnen trugen auf ihrer Stirn das Symbol der Kobragöttin Wadjyt. Sie sollte Feuer auf die Feinde spucken.

Uschebtis

Uschebtis Figürchen nach dem Vorbild von Dienern und Dienerinnen, die zusammen mit einer wichtigen verstorbenen Person bestattet wurden. Die Uschebtis sollten im Jenseits Arbeiten für die verstorbene Person ausführen.

Vestibül Kleiner Vorraum, der zu einem wichtigeren Raum führt.

Weihrauch Duftendes Harz, das als Räucherwerk verbrannt wird. Es stammt von den Boswellia-Bäumen.

Worfeln Arbeitsgang bei der Getreideernte, bei der die leichtere Spreu vom Korn getrennt wird, indem man beide in die Luft wirft.

Wurfstock Hölzernes Jagdinstrument, das einem Bumerang ähnelt und dazu diente, Beutetiere zu betäuben, zu verletzen oder zu töten.

Udschat

Register

Dank/Bildnachweis

Der Verlag dankt den folgenden Personen und Institutionen für ihre Hilfe bei der Erstellung des Buchs: der Abteilung für Ägyptische Kunst des British Museum für die Bereitstellung von Artefakten für die zahlreichen Fotografien. James Putnam für seine unschätzbare Hilfe bei der Organisation der Fotoproduktion und Bildrecherche; Celia Clear von der Publikationsabteilung des British Museum für ihre Unterstützung. Den Abteilungen für Orientalische und Mittelalterliche Kunst des British Museum für die Bereitstellung zusätzlicher Objekte für die Fotoproduktion. Morgan Reid für seine Beratung zur Beleuchtung der Objekte bei der Fotoproduktion. Meryl Silbert für die Durchführung der Fotoproduktion und Karl Shone für besondere fotografische Effekte (S. 20–21). Lester Cheeseman für seine Hilfe beim Desktop-Publishing und Kathy Lockley und Vagisha Pushp für die Bildredaktion. Saloni Talwar und Priyanka Sharma-Saddi für die Gestaltung des Umschlags.

Die Illustrationen auf den Seiten 21 (ol), 32 (ur), 33 (or), 42 (mr), 55 (um) stammen von Thomas Keenes.

Der Verlag dankt folgenden Personen und Organisationen für die Genehmigung zum Abdruck von Fotos:

(Abkürzungen: o = oben, u = unten, m = Mitte, l = links, r = rechts)

Bridgeman Art Library: 24 (or), 29 (ul), 28–29 (o); **© The Trustees of the British Museum. All rights reserved:** 5 (or), 6 (ml), 6 (ur), 9 (or), 10 (mr), 11 (om), 14 (mo), 15 (mo), 17 (or), 18 (ur), 18–19 (o), 19 (mr), 22 (mu), 26 (mu), 27 (ol), 27 (mu), 29 (ur), 30 (mr), 31 (mlo), 32 (ul), 33, 34 (m), 41 (mo), 41 (mr), 43 (ml), 45 (mro), 45 (ol), 46–47 (o), 46 (ul), 46 (ur), 49 (ul), 50 (m), 51 (mro), 53 (om), 56 (ol), 56 (ul), 57 (ur), 58 (mr), 58 (ur), 59 (um), 60–61 (o), 61 (ul), 62 (m), 63 (ol), 63 (mr); **British Museum/Nina M. de Garis Davies:** 39 (om), 48 (mr), 51 (u), 61 (ml); **Mary Evans Picture Library:** 57 (or); **Werner Forman Archiv:** 8 (or); **Robert Harding Picture Library:** 4 (ur), 12 (ml), 13 (ul), 23 (r), 24 (ul), 42 (ol), 53 (or); **George Hart:** 29 (um); **Alamy Stock Photo:** Ancient Art and Architecture 10–11 (o), Artokoloro 22 l, 67 (ul), Peter Barritt 69 (um), Chris Bull 61 (mru), Christine Osborne Bilder 39 (mro), David Cole 23 (mo), CPA Media Pte Ltd./Pictures From History 35 (ol), Cultural Archive 14 (ol), gibson1 34 (ol), Granger Historical Picture Archive, NYC 43 (ol), History and Art Collection 9 (m), Barry Iverson 20–21 (u), Lebrecht Music & Arts 20 (mlu), Magica 44 (mu), North Wind Picture Archives 63 (mlu), Science History Images/Photo Researchers 8 (ol), 20 (ol), 24 (mlu), Zuri Swimmer 40 (mro), Oleg Znamenskiy 41 (um); **Bild © Ashmolean Museum, University of Oxford:** 52 (mlo); **Omniya Abdel Barr:** 63 (ur); **Bridgeman Images:** © Christie's Images 29 (ul), © Harrogate Museums and Arts/© Harrogate Borough Council 15 (om), 69 (mlo), © Towneley Hall Art Gallery and Museum 24 (or); **Dorling Kindersley:** Bolton Library and Museum Services/ Norman Taylor 10 (mlu), Peter Harper © The Trustees of the British Museum. All rights reserved 2 (ur), 2 (l); **Dr. Mennat-Allah El Dorry:** 49 mro; **Dreamstime.com:** Dphotos 29 (mu), Edwardgerges 10 (mu), Eliane Haykal 38 (or), Jjfarq 68 (ul), Pius Lee 11 (ur), David M Sacerdote 27 (um), Witr 20 (mo); **Getty Images:** AFP/Khaled Desouki 51 (or), AFP/Timothy A. Clary 55 (om), De Agostini/DEA/A. Jemolo 8–9 (u), 24 (um), De Agostini/DEA/ C. Sappa 40–41 (u), 54 (ur), De Agostini/DEA/G. Dagli Orti 27 (mr), 36 (m), 38 (ol), DEA Bildarchiv/De Agostini 14–15 (u), 70 (mlu), Gamma-Rapho/ Jean-Pierre Tartrat 10 (ur), Hulton Archive/Art Media/Print Collector 48 (ul), Hulton Archiv/Heritage Images 22 (mru), The Image Bank/ Tuul & Bruno Morandi 28 (ur), Universal Images Group/Universal History Archive 32 (o); **Getty Images/ iStock:** rchphoto 23 (mlu); **Joann Fletcher, University of York Mummy Research Group:** 54 (um); **Leeds Museums and Galleries:** 15 (ur); **© The Metropolitan Museum of Art:** Geschenk des Egypt Exploration Fund, 1903, 53 (mlu); **Shutterstock. com:** Vagabondering Andy 25 (ol).

Cover: *Vorn:* **Dorling Kindersley:** mlo, ml (Nilpferd), mr (Weingefäß), ml (Löwe), or (Katzenmumie), gol, um, Peter Harper © The Trustees of the British Museum. Alle Rechte vorbehalten. ur (Amulett), mglo; **Getty Images:** De Agostini / DEA / A. Jemolo ugr (Schütze), Hulton Fine Art Collection / Art Images ugl, Universal Images Group / Sepia Times m. *Hinten:* **Dorling Kindersley:** mr, Bolton Library and Museum Services / Norman Taylor gor; **Getty Images:** Corbis Historical / Leemage gol; *Rücken:* **Alamy Images:** Look Die Bildagentur der Fotografen GmbH.

Alle anderen Bilder © Dorling Kindersley

SCAN MICH

Kahoot!

Im Training

Profi-Runde

Pics Challenge